どの子も、スゴイ作品!
木版画・紙版画
指導のすべて
―完成までの全情報―

河田孝文／林 健広・TOSS/Advance 著

学芸みらい社
GAKUGEI MIRAISHA

まえがき

　絵の才能がある人は、特に考えもしないでスラスラと絵を描く。そのような人の中から画家が生まれてくる。絵を描くことが好きで好きでたまらない人たち、絵画の世界の天才たちだ。

　天才たちは、猛烈な努力もする。自分の技能をさらに伸ばすべく大量の絵を描く。お手本とすべき絵の模写もする。一枚や二枚ではない。千枚、万枚単位で。試行錯誤も何万枚とする。描いては捨て、描いては捨てを繰り返す。

　このような途方もない作業の中で腕を磨き、感性を研ぎ澄ませていく。

　天才でさえ、気の遠くなるような努力をするのである（そのような努力をすることができるのも才能といえるのだが……）。

　小学校教師が教える子供たちのほとんどは、（絵の）天才ではない。

　彼らは、年に数枚の絵しか描かない。大作は１〜２枚である。

　しかも、図工の時間は週に２〜３時間。

　天才たちの気の遠くなるような制作時間に比べればミクロである。

　ミクロ時間に、天才たちが歩いてきた道のりを凝縮してトレースさせなければならない。

　無制限時間の中から編み出した原則や技を制限時間の中でできるようにさせていく。

　それが教育である。

　構想も下絵も彩色も、原則を整理し効率化して教え、できるようにさせていく。

　そのような教授行為を、教え込みと批判する自称絵画指導のエキスパートがいる。「絵は、子供の自由に描かせるべき」と主張する人がいる（そのように主張している人の多くは、実はバックステージで我流の描き方を押し付けている場合が多い）。このような人たちを「自由派」と呼ぶことにする。

自由派の人たちに指導された子供たちの多くは、自分の作品を低評価する。「自分は絵が下手だ」という。自他ともに高評価の作品は、いわゆる絵心がある子供によるものだ。自由派教師は、それらの絵に「子供らしい」という評価を下す。そのくせ審査会では、「これは指導されてない」などと指導方針と真逆なことをいう。

　山口県造形展審査方針というものがある。

【審査方針】

(1)　子どもの主体的表現を重視する。

・その時々に応じた教師の支援があってもよいが「何を」「何で」「どう描く（つくる）か」の３点が子ども中心であること。

・表現の画一性や子どもの個性損失が生まれてくるので、教師の教え込みの強い作品は望ましくない（上記の３点に強い指導が加わっている場合のこと）。

・描いたりつくったりすることが楽しい、自分にとって新しい発見があったという思いが伝わってくる作品が望ましい。

(2)　表現の過程を重視する。

・形がよい、色彩がよい、のびのびしている、発想がよい、表現技法に工夫が見られる、力強いなどの良い面を見ること。

(3)　子どもの伝えたい思いが、強く見る人にも伝わってくるような作品であること。

(4)　子どもの発達段階に応じた作品であること。

(5)　子どもの表現の幅の広がりや豊かな発想を重視する。

・線描、彩色だけでなく、直接ものを貼りつけたり、作品の一部に仕掛けがあったりするので丁寧に見ること。

・絵画の場合、画用紙の形から含め、発想が豊かであること。

　この審査方針を通過するのは、絵心に長けた子供の作品だけである。

　絵心の乏しい子は、「何を」「何で」「どう描くか」わからない。

まえがき　　3

「描いたりつくったりすることが楽しい」ことを表現できるのは、絵の上手い子だけである。「それを解釈することが大切」と絵画指導のエキスパート（と呼ばれている人）から聞いたことがある。しかし、子供の気持ちを絵から解釈するのは主観である。見る人（審査員）によって評価は分かれる。

「形がよい」「色彩がよい」「表現技法に工夫がみられる」のは、教えられなければできないことだ。教えられなくてできるのは、絵の上手い子である。（先天的に絵が上手い人は、視覚優位性のある人である。視覚優位性の人は、線優位性と色優位性の二つに分かれる。線優位性の人は、輪郭のはっきりしたイラスト的な絵を描く。色優位性の人は、目から入ってくる色情報を細かく見分けるので、遠近のはっきりした立体的な絵を描く。）

　子供の潜在能力を基盤にした絵画制作は、指導ではない。

　どの子にも、どんな子にも一定水準を超える作品を完成させることが義務教育の学校の指導である。どの子も、どんな子も、自分の作品を誇らしく思えるようにさせることが教育である。

　成功体験の積み重ねで、自己肯定感は上がる。

　私の絵画指導は、教え込みの連続である。「構想」「下絵」「彩色」全てにおいて。後ろめたさは、微塵もない。

　子供たちに、「去年の版画のテーマは何だったの？」と聞いた。

「冬休みです」と返ってきた。

「楽しかった？」と聞くと、「上手にできなかったので楽しくなかった」だった。

「今年の版画は、どうだった？」と聞いた。

「今までやった中で一番の出来です。早く家に持って帰って飾りたいです」だった。

　また「やり方を教えてもらったから、とても楽しかった」という答えもあった。

　自由という名の放置による制作活動と指導による制作活動と、どちらが子

供にとって有効なのか。

　子供の事実から判断すべきである。

　教師の腹の底からの実感から選択すべきである。

　日本の小学校の絵画教育界は、「教師の教え込みの強い作品」は排除される。

「だから、しかたない」と割り切る人もいる。「無冠をよし」としている。

　私は、だからこそ、あえて、この荒野に「教え込みの強い作品」で挑んできた。

　本書は、絵画の中でも版画に限定して指導方法を紹介している。

　きっちり指導して、自他ともに認める作品が完成する道筋が示されている。

　あなたの実践の一助になればと願っている。

　本書を提案するにあたり木村重夫氏に、貴重な論文をご提供いただきました。

　本書完成のために、樋口雅子氏に多大なご支援をいただきました。

　この場をお借りしてお礼申し上げます。

　ありがとうございました。

河田孝文

目次

まえがき ·· 2

Ⅰ 夢中! 熱中! 真っ最中! 入魂版画づくり　〈河田孝文〉
1. 版画の作製工程 ·· 10
2. 版画の「題材」を決める ·· 12
   ◆ 下描き　12
3. 熱中した場面を描く「躍動感」 ································ 14
4. 下描き→スキャナー→反転画像 ································ 16
5. トレーシングペーパー工程をスキップ ······················ 18
6. 工程カットで完ペキな下描きを目指す ······················ 20
7. 彫り工程の注意点：白黒比率 ·································· 22
8. 人物「自分」を彫る ·· 24
   ◆ 人物を輪郭に沿って彫る　24
9. 人物の輪郭を彫るコツ ··· 26
   ◆ 人物の中を彫り分ける　27
10. 完成作品と子供の奮闘記 ······································· 28
11. 河田版画のコダワリ―油性インク ··························· 30
12. 河田版画のコダワリ―用紙選び ······························ 32
13. 河田版画のコダワリ―後片付けの極意 ····················· 34

Ⅱ ドキッ! すごい木版画・紙版画　制作指導のヒミツ
1. 低学年「かたおし」で楽しくウォーミングアップ　〈吉谷 亮〉······ 36
   1　河田実践「かたおし」　36／2　「型紙づくり」のポイント　37

　　3　「紙の上でかげえをしよう」で印刷を知る　41
　　4　「楽しい遊び場をつくろう」で生きものの舞台づくり　42
　　5　「生きものをうつそう」で大好物づくり　44
　　6　早い子には「もようをつける」活動を！　45
②　2年生の紙版画 ──「ゆったり描け・ちぎれ」で味のある線をつくる
　　　　　　　　　　　　　　　　　　　　　〈下窪理政〉……46
　　1　河田学級紙版画指導作品の特色　46
　　2　紙版画作品からわかる河田孝文氏の七つの技術　48
　　3　河田式版画指導法と酒井式版画指導法との比較　52
　　4　紙版画以前の「線を死なせない」トレーニングに最適！　53
　　5　新学習指導要領での版画指導法に河田式をどう指導していくか　55
③　下描きで版画の成否が決まる　〈林　健広〉……………56
　　1　題材を選ぶ　57／2　手を描く　58
　　3　顔を描く　59／4　つなげる　60
　　5　手のまわりにあるものを描く　60／6　背景を描く　61
　　7　切り取る　61／8　転写する　61

Ⅲ　ライブで体感！　河田式版画指導のヒミツをのぞく〈信藤明秀〉

①　版画指導のマネジメント　……………………………………66
　　1　図工は孤独な作業　66／2　個別指導と彫りの往復運動　67
②　個別指導の極意　……………………………………………68
　　1　個別指導のためのツール、フェルトペン　68
　　2　フェルトペンの色の使い分け　69
　　3　フェルトペンの太さの使い分け　69
　　4　フェルトペンのついていないところを彫らせる　70
　　5　指導の時間とタイミング　71／6　指導の分量　72

3 エラーしやすい子への対応 ………………………………………… 73
  1 位置取り 73
  2 細やかなやりとり 74
  3 やって見せる 75
4 河田氏の口にするフレーズ ………………………………………… 76
  1 道具を確認するフレーズ 76
  2 彫りの違いを意識させるフレーズ 77
  3 どこを彫るかを意識させるフレーズ 77
5 難所を越えさせる …………………………………………………… 78
  1 確認と評定～釘をさす 78
  2 手順をそろえたわかりやすい指示 78
  3 再度釘をさし、関所を設ける 79
6 作品にみられる河田学級作品の特徴 ……………………………… 80
  1 人物が浮かび上がる 80／2 陰をつける 81
  3 リアリティが出る「しわ」 82／4 地面などの広いところ 83
7 下絵のつくらせ方 …………………………………………………… 84
  ◆ 白黒写真から 84

Ⅳ 河田式版画指導法を追試　追試体験でわかったコツ！

1 低学年：1年生での追試体験〈山田恵子〉……………………… 86
  1 「型押し版画やってみたい！」とやりたい気持ちいっぱいにさせる 86
  2 ケント紙での版づくり 87
  3 パスでの型押し 88
  4 版画への描き込み 91

8

2 低学年：河田実践「かたおし」は指導要領に合致している〈奥田嚴文〉… 92
    1　作品鑑賞①　92
    2　作品鑑賞②　94
    3　1年生に育てたい力と合致　95
3 ICT機器の活用で下絵がグレードアップ〈吉谷 亮〉……………… 98
    1　下描き効率化　98
    2　作業の効率化　99
    3　下描きのポイント　102
4 高学年：5年生での追試体験〈下窪理政〉………………………… 104
    1　河田式版画指導法の追試でできた版画　104
    2　河田式版画指導法のステップ　105
    3　河田式版画指導法のステップの微細技術　105
5 高学年：6年生での追試体験〈林 健広〉…………………………… 110

Ⅴ 制作指導のヒミツ　Q＆A 〈大井隆夫〉………………… 114

Ⅵ 版画指導はプロ教師の総合力が問われる　〈木村重夫〉

■ 成功の8割は「下描き」で決まる ……………………………… 124
    1　木村学級の版画作品　124
    2　版画は下絵で80％決まる　128
    3　子供のNG下絵、よくある傾向と対策　135
    4　白：黒のバランスは4：6。主張したいところを彫る　140

あとがき ………………………………………………………………… 146

Ⅰ 夢中！ 熱中！ 真っ最中！ 入魂版画づくり

1 版画の作製工程

河田孝文

　恒例の版画制作ですが、今年度は、スタートがやや早まりました。
　作業工程は、ざっと次のとおり。

Ⅰ　下描き：A4用紙に
Ⅱ　反　転：A4をパソコンに取り込んで画像処理ソフトで反転
Ⅲ　拡　大：A4→A3に拡大印刷
Ⅳ　転　写：カーボン紙を板と反転下絵の間にはさんで、赤ボールペンで
Ⅴ　彫　り：彫刻刀で
Ⅵ　刷　り：油性インク、白兎紙
Ⅶ　切　り：版画用紙をカットし、台紙に貼る

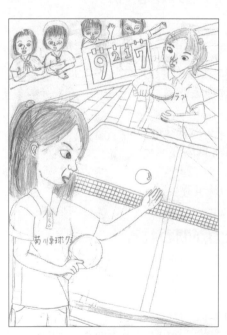

Ⅰ 夢中！ 熱中！ 真っ最中！ 入魂版画づくり

② 版画の「題材」を決める　　　　　　　河田孝文

それぞれの作業工程をダイジェストで紹介します。

◆ 下描き

A4のコピー用紙に下描きを描きます。

今回の版画テーマは、

> 夢中！　熱中！　真っ最中！

子供に話した時は、これではありませんでした。

子供には「熱中した自分というテーマで、題材を決めなさい」と言いました。「夢中！　熱中！　真っ最中！」というテーマは、いま思いつきました。カッコいいテーマです。そして、子供たちの作品にマッチしています。

I 夢中！ 熱中！ 真っ最中！ 入魂版画づくり

3 熱中した場面を描く「躍動感」　　河田孝文

　「熱中した」場面を描かせる理由は「躍動感」です。

　版画には、風景や動植物を題材にしたものもあります。浮世絵など、江戸時代の巨匠の作品には、それらがたくさんあります。『富嶽三十六景』（葛飾北斎）は、その代表です。ダイナミックですよね。

　北斎ほどの技能ならば、風景を躍動させ、見る者の心をわしづかみにする威力をもたせることができます。

　風景画で躍動感をもたせるのは、小学生にとっては、難題です。

　当たり前の話ですが、風景は、基本動きません。

14

小学生の作品にも風景の版画はあります。しかし、そこに躍動感は感じませんでした。いつかは、挑戦したい（させたい）テーマですが、勇気がいります。

　小学生に「躍動感」のある作品を描かせるならば、人物です。しかも、自分。

　そこで、「熱中した自分」というテーマで取り組ませています。

　熱中した自分を絵で表現するのは、かなり高度な技です。イメージした場面を絵に表すのは、大人でさえ困難です。ほとんどの子は、記号的な絵を描きます。そうとうな絵心がなければできません。画家のように四六時中絵の修業をしてるわけではないので、そんなの当たり前です。子供たちの本業は、学問ですから。

　イメージ→絵、を実現させるために、私は、アシストをします。

I 夢中！ 熱中！ 真っ最中！ 入魂版画づくり

４ 下描き→スキャナー→反転画像　　　河田孝文

　下描きを終え、次の段階に突入しました。

　下描きは、A4用紙です。

　それをスキャナー（ScanSnapというスキャナーを使っています）でパソコンに取り込みます。

　それを画像処理ソフトで反転させ（ボタン一つですぐに反転されます）ます。

　その反転画像をA3用紙に拡大プリントアウトします。

　これら三つの作業を、一昔前は、子供による手作業で進めていました。

　まず、下描きは版木と同じ大きさのA3用紙に。その後、下描きの上にトレーシングペーパーという向こうが透けて見える紙を置きます。　　（続く）

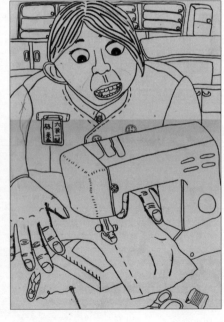

I 夢中！ 熱中！ 真っ最中！ 入魂版画づくり

5 トレーシングペーパー工程をスキップ　河田孝文

（続き）A3下描きにトレーシングペーパーを乗せ、鉛筆で下描きをなぞります。

　下描きの線をすべてなぞります。

　ここまでの作業で、子供はヘトヘトになります。

　同じ絵を２回描くことになりますから。

　おそらく、版画の学習では、まだほとんどの教室でやられているであろうトレーシングペーパーの工程を、私のクラスはスキップしました。

　私が、代行しています。

　パソコンに入れて、ボタン一つで反転すれば、あっという間です。

　それを拡大プリントアウトすれば、すぐです。

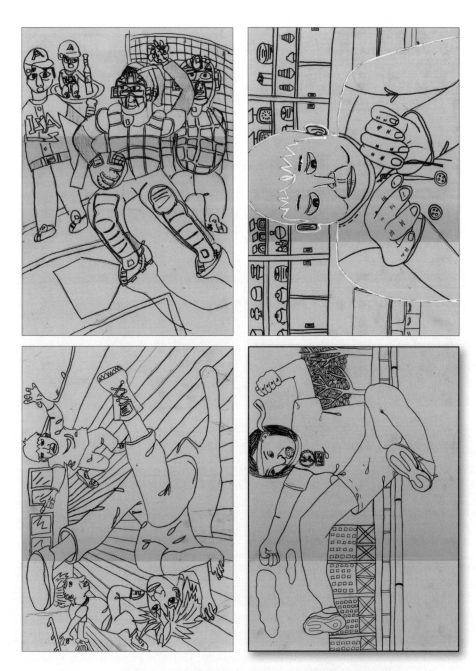

I 夢中！熱中！真っ最中！入魂版画づくり 19

6 工程カットで完ペキな下描きを目指す　河田孝文

　再度言いますが「その作業も版画の大切な学習の一つ」といえば、そうです。しかし、私は、トレーシングペーパーでなぞるという作業を一つカットしました。
　その分、A4用紙への下描きを丁寧に細かくさせました。
　それができたら、下描きはほぼ完成です。
　一昔前に行われていた（多くの教室では今でも）A3用紙への下描きは、用紙のスペースが広いから、空間を埋めるのが大変です。
　途中、力尽きて「もういいや」となります。子供も先生も。
　A4用紙への描き込みは、小さいですから、わりと緻密にパーツを詰め込むことができます。もちろん、A4用紙への描き込みも大変な作業です。
　私が妥協しませんから、納得いくまで描き込みをさせます。

20

しかし、エネルギーもモチベーションもA3用紙への下描きほど下がりません。

そして、なんといっても、このパソコンを間にはさむ方法は、下描きの絵そのままが、版木に転写されるところが最大の長所です。

トレーシングペーパーでのなぞりは、元の絵が多少ゆがんだりします。

何度も言ってしまいますが「それがいいんだ」「それも大切な版画の学習なんだ」という先生はいます。私もそう思います。

しかし、学校の授業時間は、昔に比べ随分減っています。

働き方改革ではありませんが、スキップできるところはしなければなりません。幸い、私は、スキップさせられる技を持っています。

だから、私が子供の大変な作業を代行したというわけです。

もちろん、版画はこれで終わりではありません。この後、版木に転写という作業が残っています。転写作業は、次のように行います。

反転したA3用紙の下描きを版木の上に乗せます。木と紙をピッタリと位置合わせします。その上部をセロハンテープで留めて固定します。

版木と下描きの間にカーボン紙という黒い紙をはさみます。カーボン紙は、なぞると、そのままの線が版木に転写されるという用紙です。

ここでも「なぞり」という工程が出てきました。トレーシングペーパーを使う方法は、子供が3回同じ絵を描くことになります。私のクラスは、2回です。

版画制作はこれで終わりではありません。ご覧いただいているのは、版木に転写された下描きです。この後、難作業「彫り」工程に突入です。

Ⅰ 夢中！ 熱中！ 真っ最中！ 入魂版画づくり

7 彫り工程の注意点：白黒比率　　　　　河田孝文

版画「彫り」の工程です。
版画の彫りで最も配慮すべきは、白：黒の比率です。
版画の一般的な白：黒比率は、4：6だと言われています。
個人的には、3：7くらいがしっくりきます。
私は、3：7を版画の黄金比と呼んでいます。
もっとも、私は美術に関しては（も）ドシロウトです。
私の黄金比など、アテにはなりません。
しかし、毎年繰り返される版画指導の過程から導き出された感覚です。
経験則ならぬ経験比です。

I 夢中！ 熱中！ 真っ最中！ 入魂版画づくり

8 人物「自分」を彫る　　　　　　　　河田孝文

彫り方の手順を紹介します（これも経験則です）。

◆ 人物を輪郭に沿って彫る

　小学校の図工で取り組む版画には、九割人物が登場します。

　その人物は、99パーセント自分です。

　題材は、ほぼ共通しています。

「熱中」です。

「熱中」している「自分」を画面上にアピールしなければなりません。

　そのためには、画面上の人物（自分）を見る側に浮き上がらせなければなりません。

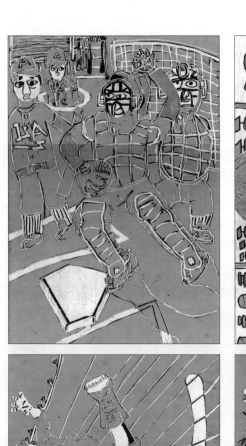
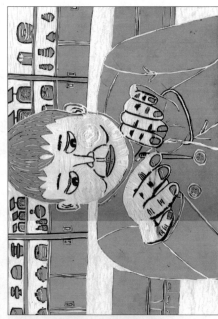

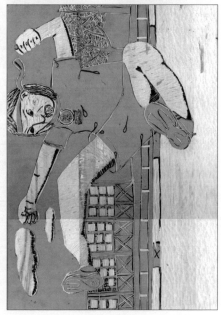

Ⅰ 夢中！ 熱中！ 真っ最中！ 入魂版画づくり

9 人物の輪郭を彫るコツ　　　　　河田孝文

　見る側に人物を浮き上がらせるための最初の作業が、人物の輪郭を彫るという作業です。

　こうしておけば、とりあえず人物が周りの背景と分離されます。また、人物の輪郭をずっと彫るという極めて明確な作業なので、迷いがありません。

　教えるこちら側の指示も明確です。「人物の周りを彫りなさい」と。

　教室には、教えを待つ迷える子羊が順番待ちしています。

　一人ひとり、じっくり丁寧に彫り方を指示していたのでは、待ち時間ばかり増えて、何もしない時間が膨大となってしまいます。

　そこで、とりあえず出す指示が「人物の周りを彫りなさい」です。

　人物の周りを彫る作業は、単純ですが、雑にはできません。

　ザクッザクッやらなければ、きれいな線にはなりません。

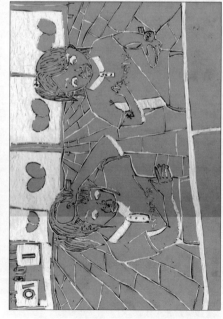

彫刻刀の種類は、角刀です（輪郭がシャープになるので、角刀にしていますが、特に理由はありません。丸刀だと輪郭が太くなるので、あまり好きではないという私の個人的な理由です）。

◆ 人物の中を彫り分ける

　輪郭が終わったら、人物の中を白と黒に分けていきます。これは、少しじっくり考えます（考えるのは私です）。じっくり考えても、そんなに列はできません（輪郭を彫る作業で、個人差、時間差ができているからです）。

　とっかかりは、顔です。顔全体を白にするのか、黒にするのかを決めます。

　顔を彫る原則も一応私の中にはあります。画面全体に対して、顔の比率が大きければ白、小さければ黒です。大きな理由があります。

　顔を白にするというのは、顔の中のパーツの線（鼻とか口とか）を残して、それ以外の部分を彫るということです。彫りの手順は、まず、パーツの線の周りを角刀で彫ります。次に、それ以外の部分を小丸刀で彫ります。パーツの線の周りを角刀で彫るのは、小丸刀による彫りすぎを防ぐためです。

　子供たちは、彫刻刀のドシロウトです。小丸刀だけの作業だと、ついつい手が滑って彫りすぎてしまいます。せっかくの顔のパーツの線が消えてしまいます。顔がのっぺらぼうになるという大惨事を防ぐために、線の周りを角刀で彫っておいて溝をつくり、小丸刀の暴走を防御するのです。

　顔を黒にする作業は、簡単です。顔のパーツを描いたフェルトペンの線に沿って彫ります。小顔を白にする作業は、よっぽどの腕がなければ上手にできないからです。版画で顔が黒になるのは、意外と違和感はありません。

　顔の解説で終わってしまいました。

10 完成作品と子供の奮闘記　　　　　河田孝文

　最終工程「刷り」が終わりました。
　長い道のりでした。
　しかし、子供たちは、最後まで集中して自分の作品を完成させました。
　今回は、作品と奮戦記を並べて紹介します。
　作品を眺めながら、それぞれの苦労話をご覧ください。
　工程が多いわりに短期間の取り組みでした。
　図工の作品はいつもそうですが……。
　毎週2時間ずつ間をおいて完成させるということが、私にはできません。
　ですから、1か月分の図工の時間を1週間に凝縮して取り組みました。

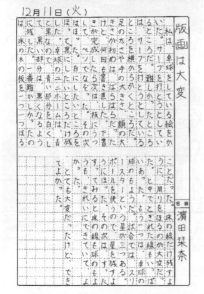

I 夢中！ 熱中！ 真っ最中！ 入魂版画づくり

11 河田版画のコダワリ——油性インク　河田孝文

　油性インクを多くの先生が敬遠する理由は、扱いが「面倒」だからです。
【面倒1】　油性なので、一度付いたら取り除くのに一苦労です。
　　　　　ペンキが目的以外のところに付くのと同じです。
【面倒2】　後片付けが手間です。インクを板に付けるときに使うローラーを
　　　　　洗うのも、水性に比べたら面倒さは数倍になります。
　私は、この「面倒」さを差し引いてもなお、油性インクを使います。
　刷り上がり映えが、水性に比べて段違いだからです。
　水性だと、和紙への転写にムラが出ます。所々がかすれてしまうのです。
　油性には、転写ムラがありません。均等に黒が紙に写ります。

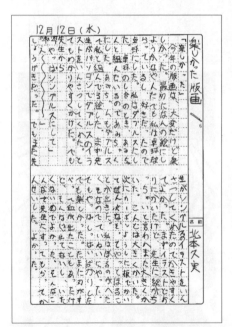

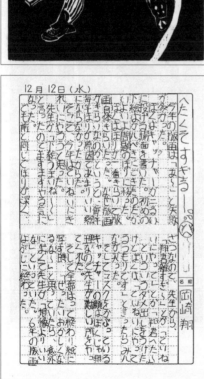

I 夢中！熱中！真っ最中！入魂版画づくり

12 河田版画のコダワリ――用紙選び　　河田孝文

　油性インクの写りの良さを最大限に引き出す用紙があります。
「白兎紙（ハクトシ）」といいます。
　白兎紙も和紙の一種ですが、片面がツルツルに加工されています。
　印刷するときは、このツルツルの面にインクを転写します。
　油性インクは、普通の和紙だと染み込んで、黒色の周囲に油分がにじんでしまいます。
　白兎紙のツルツル面は、インクを弾きます。
　ですから、油分がにじむことはありません。
　結果、黒色だけが紙に写り、鮮明になります。

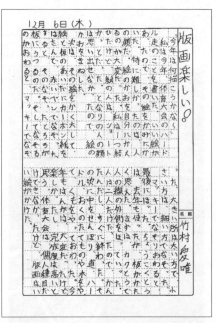

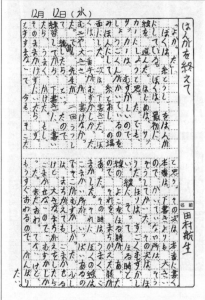
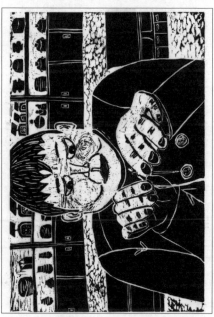

I 夢中！熱中！真っ最中！入魂版画づくり

13 河田版画のコダワリ——後片付けの極意 河田孝文

「後片付けが面倒」という油性インクは、場づくりで解決できます。

右の写真のように、インク台は、カレンダーの裏紙でつくった手製です。カレンダーの裏をガムテープで工作台に貼りつけただけです。全員の印刷作業が終われば、ガムテープを剥いで折り畳み、捨てるだけです。

ローラーその他のインクの処理は、中性洗剤で洗えばすぐに落ちます。

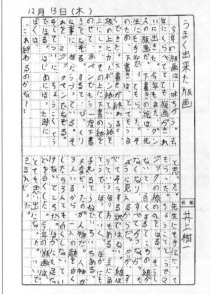

I 夢中！ 熱中！ 真っ最中！ 入魂版画づくり

Ⅱ ドキッ！すごい木版画・紙版画 制作指導のヒミツ

1 低学年「かたおし」で楽しくウォーミングアップ　吉谷 亮

1　河田実践「かたおし」

　低学年を担当することの少ない河田氏の版画実践である。

　完成すると、下のようなとても幻想的でカラフルな作品となる。

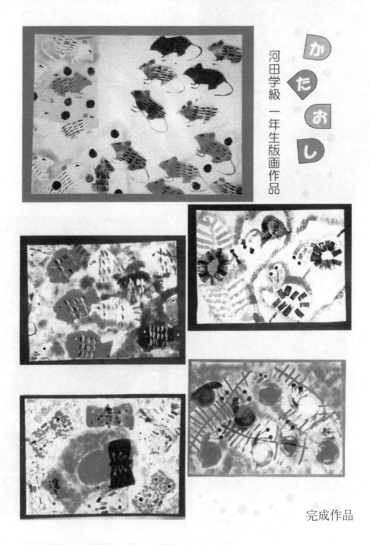

完成作品

河田氏の学級通信「はじめのいっぽ」から、工程を紹介する。

①型紙づくり
②紙の上でかげえをしよう
③楽しい遊び場をつくろう
④生きものをうつそう
⑤もようをつけよう

それぞれの工程と考察について述べていく。

2 「型紙づくり」のポイント

型押し版画をするためには、型紙をつくらなければならない。
右のようなものである。

これは、八つ切り画用紙を四等分した紙にこのような生きものの絵を描き、はさみで切り抜いていく。

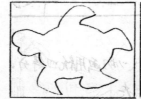

教師が作成した見本

まず、これらを5～6枚用意して、見本とする。

導入として、河田氏はクイズ形式で行っている。

以下、学級通信から抜粋する。

OHPを使って影絵クイズをしました。
「1番、これは何でしょう。」
ハイハイハイ、全員が手を挙げます。
「かめです。」
「正解です。それでは2番、(少し間を置き) これは何でしょう。」
ハイハイハイ、「かたつむりです。」
「正解です。それでは……。」

いか、ざりがに、さかななど同じようにしてやりました。

「これは、先生たちがつくったんだけど、みんなもつくってみますか。」

「つくるつくる、先生早くやろうよ。」

「それじゃ、自分がどんな生きものをつくりたいか練習しましょう。」

そして、薄手の紙を配り下描きをさせました。

このやりとりから、河田氏の意図が見える。

一つは、クイズを通して何をやるのかイメージをもたせるのである。1年生で初めて取り組む版画である。

どんなことをするのか全くイメージがわかないであろう。従来であれば版画の完成形を見せるというのがセオリーであるが、1年生の場合はいきなり完成形を見せても、そこからスタート地点までさかのぼることができない。そのため、スモールステップとして第一段階での形を提示させたのだと思える。

さらにクイズ形式にすることも有効である。つくりたいと強く思わせることができ、モチベーションアップにつながる。

もう一点は、題材を生きものへ限定させるということである。

河田氏の出したクイズは、どれも平面の生きものの絵である。1年生に題材は何でもいいよとしてしまうと収拾がつかなくなる。アニメのキャラクターなど難易度の高いものを選んでしまうかもしれない。また、人物の顔などもパーツが多くなり難易度が高い。ここは動物に限定した方が成功率が高いという判断なのである。初めての版画は絶対に成功させなければならない。そこで、さらに学級文庫の事典などの書籍を見ながら描いてもよいこととして、様々な生きものの下絵（下描きの下描き）を完成させていく。ここまでで1時間である。

2時間目は八つ切り画用紙四等分の紙を配付して下描きの本番となる。手順は以下である。

河田氏が黒板に書いたものをそのまま掲載する。

①名まえをかきます。
②生きものをかきます。
③先生に見せます。
④マジックでえどります。
⑤はさみできります。

下描きは前の時間に描いている。ここで難しいのは⑤である。そこで河田氏は、作業に入る前に次のような指示を出している。

「はさみで切りはじめたら、途中で休みません。休んじゃうと、後でどんな生きものかわからなくなるからね。最後まで頑張って切りましょう。」

また、④でえどるという作業を入れて切りやすくしている。

それほど、切る作業を重要視するのは、1年生には切る作業が難しいということもあるが、同時に切った後の枠も作品をつくるうえで重要になるからである。

途中で休んでしまうと、また違った場所からはさみを入れてしまい、枠が使えなくなってしまう。そのため、途中で休まずに切り抜くというのは重要な指示なのである。河田氏も（苦労はしたが）結構うまくいっていたと述べている。

早くできあがった子には、もう1枚を渡して「今つくった生きものの友

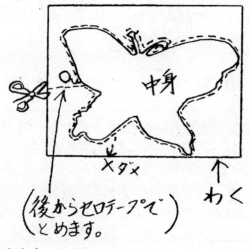

切り方

切り取った作品

達」というテーマで次の生きものをつくらせている。
　ここでも、改めて今回の題材は生きものだと確認することと同時に、自分の作品との整合性をもたせることができるようにしている。
　この指示があれば、例えば海の生きものをつくっていれば、おそらく次も海の生きものやそれに近いものになるであろう。
　そうすれば、作品全体にテーマが表れ、統一されたものになると考えられる。
　小さなことにみえるが、子供たちの意識を完成まで導くことにつながる指示である。

3 「紙の上でかげえをしよう」で印刷を知る

　次の時間は、今までつくった生きものの型紙（生きもの部分と中身を切り取った枠の部分）を渡して次のように説明する。

> 今日は、紙の上でかげえをします。

　そして、以下の道具を机の上に用意させる。

- タンポ
- 絵の具
- 型紙
- バケツ

タンポ着色例

　パレットには、自分の好きな色１色（白・黒以外）を出させ、少し水を加える。

　続いて、普通紙を配付して、実際にタンポの使い方と型押しの手法を実演してみせる。この時、使い方の注意として一点だけを告げる。

> ポンポンとたたいて絵の具をつけます。

　これには意図がある。子供が絵の具をたくさんつけようとして、タンポを紙にこすりつけてしまいがちになるからである。そうなるとせっかくのタンポの質感が紙に現れずべったりした仕上がりになってしまう。

　ここではいきなり本番画用紙に作品をスタンプするのではなく、前段階としての練習を行うのである。前時につくった作品が版画作品としてどのように印刷されるのかを知るのである。

　できた作品から黒板に貼っていく。黒板に貼ることで、まだできていない子がどんなふうにできればいいのか参考にすることができる。

　河田学級では、この後、給食時間に影絵クイズをしたそうである。

タンポで着色した作品

4 「楽しい遊び場をつくろう」で生きものの舞台づくり

次は、完成した生きものの舞台づくりである。

河田氏は、以下のような子供たちとのやりとりで舞台製作にとりかからせる。

> 子供のつくった「うみがめ」の型紙を見せて言いました。
> 「うみがめは、どこに住んでるの？」
> 「うみー。」と子供たち。
> 「じゃ、海には何があるかなあ。」
> ある子が言いました。
> 「わかめとかある。それと、サンゴも！」

> 他に、貝がらやヒトデなども出ました。
> そこで、次のように言いました。
> 「わかめとかサンゴなんかがあったら、うみがめはよろこぶだろうね。」

このようなやりとりを経て、以下のテーマを示す。

> 自分の生きものがよろこぶものを考えよう。

ここでも、自分のつくった生きものとの整合性を意識するように配慮している。ここまでくると、子供たちは完成までの道のりが描けているであろう。

八つ切り画用紙を配付し、生きものづくりと同じ要領で描かせていく。画用紙に描いて、はさみで切り抜いていく。

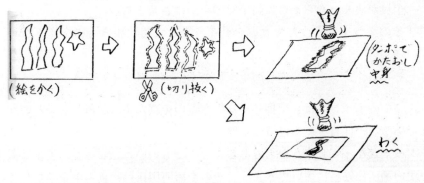

生きものがよろこぶものでの舞台づくり

ここまできて、本番に入る。

ほぼ全員の子が切り抜いたところで、色画用紙を配付する。そして絵の具を用意させ、たった今つくった「生きものがよろこぶもの」を色画用紙に配置してタンポで色づけをしていく。

まずは生きものが楽しく動き回るための舞台をつくるのである。次の時間はいよいよ生きものを型押しする作業に入る。

5 「生きものをうつそう」で大好物づくり

　あとは生きものを型押しするだけに思えるが、ここで何も考えずに型押ししていくと、作品としては面白くない。

　先にも記したように、作品としての整合性をもたせる必要がある。そこで、机の上にパレットと絵の具と型紙を用意させ、色画用紙（前回使ったもの）を配付したあとに河田氏は次のように話した。

「みんながつくった生きものの大好物は何ですか。」

　子供たちは思い思いに答えます。よくわからないと言う子もいました。

　よくわからない子には適当に教えて、次のように言いました。

「じゃ、画用紙の中でえさを置くところを決めましょう。どこに置いてもいいですが、真ん中はいけません。」

　全員が決まったらそこに鉛筆で印をつけさせました。

「そのえさをもう少しで食べられそうなところに生きものを置きなさい。」

　そして、タンポで一匹目の生きものを型押しさせました。

　ここでのポイントは、型押しする生きものを真ん中に配置しないということである。一匹目を置く位置は重要である。二匹目以降も、その位置がスタンダードとなってしまうからである。どこでもいいよとなると、子供は置きやすい場所に安易に置いてしまう。そのため河田氏は、真ん中を禁止しているのである。

　しかし、置く場所を工夫しろと言うだけでは、1年生には工夫した配置は絶対に無理である。そのため、えさを置く場所を決めるという指示が有効なのである。えさの場所は一定ではない。えさはそれぞれバラバラの場所にまかれるはずである。えさを置く場所を考えることで、一律ではない多様な生きものの配置を決めることができる。一匹目が終わったら、次々に型押しをさせていく。そして、次のような注意を与えている。

・えさの方を向かせること。

・重なってもいいこと。

絵でも版画でも整列させたがる子供は多い。それでは、構図としてダイナ
ミックな作品になりにくい。意図的に、多様な構図に触れさせる必要がある。
そのためあえて、向きを変えたり重ねさせたりすることを意識して指示する
のである。

6　早い子には「もようをつける」活動を！

画面が生きものでいっぱいになった子供には、次の活動を用意しておく。

イモ版で生きものに模様をつけさせるのである。1年生にはまだナイフを
使わせられないという理由で、イモ版はあらかじめ河田氏が切っておき、そ
の中から選ばせるようにする。この作業は、早くできた子への時間差を埋め
るための意味合いもある。

河田氏は、うまくいかない子には一緒について個別指導をすることが多い
そうである。特に1年生は、型紙をしっかりと押さえられずにずれてしまう
ことも多い。そのため、一緒にやってみるという時間も必要になってくる。

この後は最終的な仕上げをして終了となる。

仕上げは、子供たちに用意した色画用紙の中から、好きな色を選ばせて作
品を貼る。

この「かたおし」実践には、今後の版画の基本技術となりうることが順を
追って習得できるようになっている。作品に動きをつけることやテーマに沿
った背景など、意図的に活動が仕組まれている。そして、何より楽しい。版
画入門期の子供たちにぴったりの教材である。

Ⅱ ドキッ！　すごい木版画・紙版画　制作指導のヒミツ　　45

2 2年生の紙版画―「ゆったり描け・ちぎれ」で味のある線をつくる　　　　下窪理政

1　河田学級紙版画指導作品の特色

　河田孝文氏が担任した2年生（2006年度）の紙版画の作品である。

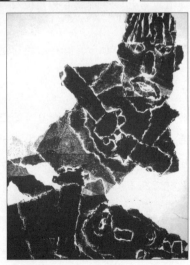

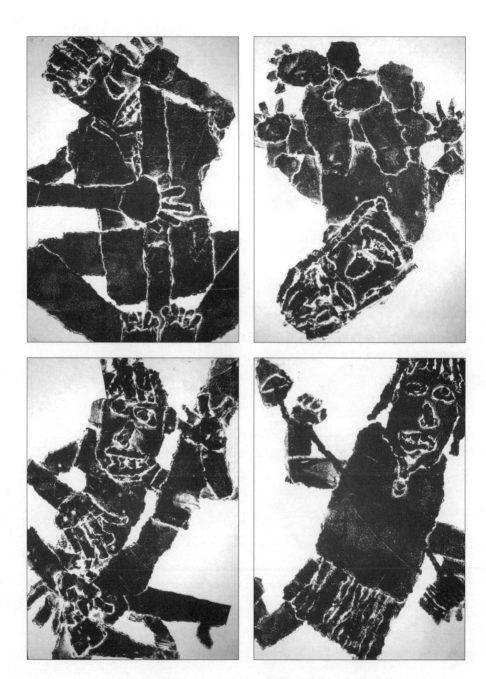

Ⅱ ドキッ！ すごい木版画・紙版画　制作指導のヒミツ

河田学級で実践された紙版画の記録は、学級通信「七色の落書き」だけである。貴重な実践記録である。すべての作品が、違う構図の作品になっている。一人一人に対して、個別に指導をしたと推測できる。現在の河田学級の版画指導の源流を知ることもできる。

河田氏に当時のことをインタビューすると、「紙版画は、切らずに線を味のあるものにしたかった」と話していた。どの作品も味のある作品に仕上がっている。

2 紙版画作品からわかる河田孝文氏の七つの技術

①線を味のあるものにする

紙版画は、はさみで下描きをして、切って貼るのが主流だ。だが、線をはさみで切ると直線的になってしまう。

河田氏は、「線を味のあるものにしたかった」と述べている。

ここで選択したのが、「ちぎる」ということだ。ちぎることで、線が直線的にならずに、面白さが出る。思うような形にならず、何度もつくり変えたと学級通信に書かれている。紙版画は、線が命なのだ。

②画面いっぱいの人物

　画面いっぱいに構図されているのが、特徴である。低学年の絵画指導でも「主役」を決めて指導することは一般的である。

　しかし、ここまでのダイナミックさは見たことがない。

　低学年では、余白に余計なものを入れ過ぎて、主役がぶれることが多々ある。

　主役が何をしているかを一目瞭然にすることを念頭に入れて指導することが大切である。

③髪の一本、スカートの線

　髪の毛は、一本一本をつくって貼る。髪の毛をまとめてつくらせると、髪の毛の動きが出づらくなる。ばらばらでつくることで、動きだけでなく、髪の毛の太さもばらばらになってくる。

　これで、おもしろい髪になる。髪の毛に動きをつけると風を表現することができる。

　次は、スカートの線である。服もひとまとまりで表現すると動きを制限されたものとなる。硬さが出てくる。

　絵画と違い、しわを表現するのが難しい。これは、他にも使える技術だ。

Ⅱ ドキッ！ すごい木版画・紙版画　制作指導のヒミツ

④関節をばらして組み上げる

　関節は、ばらばらにして組み上げている。関節ごとにつくって、貼り合わせている。大事なことは、関節を組み上げて、水平・垂直に配置しないことだ。動きが出るように、配置していく。

　中でも、手足は特徴的だ。手の甲と指５本に分かれている。指の長さは、すべて違う。さらに、靴を履いたものを作品としていない。必ず裸足の作品に仕上げている。手足の指が出ていることで、躍動感を表現することができるのだ。

⑤向きを変えることでダイナミックさが出る

　顔の向きを変えている作品がある。一つ目は、見上げる作品である。見上げるときに、顔を上向きにするだけでは上を向いたように見えない。顔をひっくり返して配置している。河田孝文氏が、酒井式から学んだパーツである。顔の向き一つで画面の印象が変わる。

　また、二つ目の作品はあえてひっくり返して、体ごと反転させている。この作品は、綱引きの作品である。綱を引く力強さを感じることができるようになるものである。上下を反転させることで、楽しい版画に変化するのである。絵画指導にも転用できる技術だ。

⑥水平・垂直を排除せよ

　酒井式の原則「水平・垂直を排除せよ」は、絵画指導に限ったことではない。技術は転用することが可能だ。河田孝文氏は、この原則を版画に転用している。

　作品の中に水平・垂直が見られない。しかし、子供たちは水平・垂直に配置したがる。ここで河田氏は、個別に指導を入れたと考えられる。そのままで貼り込むと水平・垂直になってしまう。一つひとつの作品を仕上げる大事な原則だ。

⑦重なることをためらうな

　紙版画の指導での課題になるのは、紙を重ねることである。印刷するときに、重ねるのが多いほど、ローラーに貼り付いてはがれることが多い。河田実践は、ためらいもなく重ねている。紙版画で、ボールを取り合う二人の様子がつくられていた。はがれない工夫をしていたと考えられる。一つは、パーツを細かくしすぎないこと。もう一つは、貼るときに淵までしっかり貼ることである。河田実践は、子供がミスしやすい箇所に必ずケアをしている。細部から多くの学びがあるのだ。

3 河田式版画指導法と酒井式版画指導法との比較

河田式版画指導法の源流は、酒井式版画指導法にある。二つの指導法を比較することで、河田氏が実践をどのように修正し、どのように改善したかがわかる。

	酒井式版画指導法	河田式版画指導法
材料	薄い画用紙、毛糸	薄い画用紙
切り方	はさみ、ちぎる	ちぎる
題材	同じ題材	子供によって違う題材
人のつくり方	顔→体→手の順番でつくる。	顔→体→手の順番でつくる。
顔のパーツ	下描きして、はさみで切る。	下描きせずに、手でちぎる。
首	首はつくらない	首はつくらない
唇	上下一緒につくる。 上下ばらばら。	上下ばらばら。
歯	上歯だけ	上下の歯
ほっぺ	ほっぺをつくる。	ほっぺをつくらない。
髪の毛	1本1本、2・3本固める。	1本1本
服	体操服	ボタンのある服
履きもの	下半身をつくらない。 体操服	ズボン、スカート （1本ずつつくる）
足	靴を履いている。	裸足の作品がある。
体の向き	何回も試行させる。	何回も試行させる。
長い線	毛糸	紙をつなぎ合わせる。
印刷	教師と一緒にする。	教師と一緒にする。
スタンプ	スタンプはない。	スタンプをする。

4 紙版画以前の「線を死なせない」トレーニングに最適！
酒井式シナリオ「山猫とどんぐり」実践追試（1・2年生）

「線を味のあるもの」にするための指導が必要である。紙版画に入った時に、線をおもしろくするためのちぎり方を学ぶのではない。河田氏の指導は、学習経験の蓄積がある。以前の単元でちぎり絵をしたと推定される。しかも、個別に指導を重ねていることは、読書感想画の指導からもわかる。

紙版画をつくる前に河田氏の「線を味のあるもの」にするための指導として、酒井式シナリオ「山猫とどんぐり」を追試することにした。

酒井式「山猫とどんぐり」の指導のステップは以下のとおりである。

---

① 読み聞かせをする。
② 山猫をパーツごとにつくる。
③ ドングリをつくる。
④ 台紙を選ぶ。
⑤ 配置を考えながら、台紙に貼り付けていく。

【2年生の作品】

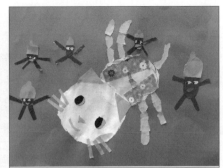

【1年生の作品】

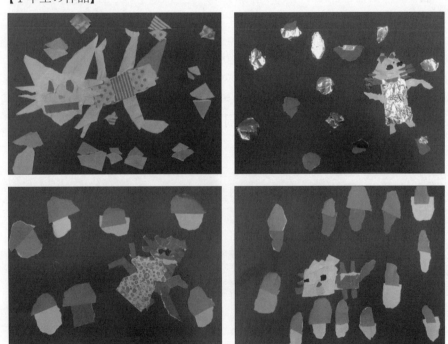

　低学年の紙版画前のトレーニングには最適の教材である。紙をちぎって上手くいかないことを克服できる。どれも味のある作品に仕上がるので、おススメである。

5　新学習指導要領での版画指導法に河田式をどう指導していくか

　学習指導要領が変わり、低学年での版画指導で紙版画指導も様々な方法がとられるようになってきている。

1　紙だけの紙版画
2　いろいろな材料を使った紙版画
3　スチレンボードによる版画
4　カラー版画による紙版画
5　台紙に貼り付ける紙版画

　紙版画からスチレンボードによる作品がつくられるようになってきている。しかし、原則は同じである。河田式版画指導の原則を使えば、作品のつくり方に左右されずに、つくることができるからである。原則は、以下である。

①味のある線をつくるために、ゆっくり描け、ちぎれ。
②白黒の割合を考える。黒：白＝7：3
③パーツでつくらせよ。全体は、パーツの組み合わせだ。
④主役を決めよ。端役も登場させよ。
⑤主題をはっきりさせよ。
⑥印刷は、丁寧に行え。子供だけにさせるな。
⑦版画指導は、今までの指導の連続の先にある。

3 下描きで版画の成否が決まる　　　　　　林 健広

河田学級の作品である。

版画の下描き指導を下のテーマに沿って試みた。

| 複数題材を同時進行で指導する。 |

もっとも、複数の題材は全く制約なしに子供に決めさせたわけではない。

次の条件を満たしたものをこちらで提示し、その中から選択させるようにした。

| ①活動している人物
②指先に意識を集中した活動 |

その結果、完成したのが上の絵である。

以下、指導の手順について述べていく。

1 題材を選ぶ

> 版画の下描きをします。自分の描きたい場面を次の中から選びなさい。

こう話して、三つの選択肢を板書する。

> ・緊張した理科の実験の様子
> ・真剣になった調理実習の様子
> ・燃えた体育の様子

1分後、希望する題材に挙手させた。

上から順に12人、4人、9人となった。

このままでは、まだ描きたい場面が漠然としている。

次のように話し、場面をさらに絞り込ませた。

> 誰が、何を、どのようにしているところかを詳しく紙に紹介しなさい。

B5判の紙を配り、できたら持ってくるよう話してから始めさせた。

10分後くらいにポツリポツリ見せにくる子が現れる。

いくつか紹介する。

○私が試験管の中で割りばしを熱し、出てきたけむりに火をつけているところ。なかなか火がつかないのでマッチの火を慎重にもっていった。

○ぼくが5段の跳び箱を、思いっきり踏み切って跳びこえようとしているところ。

○私がシュートするのをAさんがガードしているところ。必死になっているAさんの顔はおそろしいくらいに本気だった。

OKを出す基準は、読んでみて私がその場面をイメージできるかどうかである。

したがって、次のようなものはNGである。

●バスケをしているところ

●ものを溶かす実験

Ⅱ ドキッ！ すごい木版画・紙版画　制作指導のヒミツ　57

このように書いてくる子には「誰が、何を、どのようにしている場面なのか、その時の気持ちも書いてきなさい」とアドバイスして書き加えさせる。

　OKを出した子には、下描き用の用紙を下の手順で作製させておく。

　さらに、まだOKをもらっていない子の用紙もつくらせておく。

　早くできた子の空白時間を埋め、全員で下描きをスタートさせるためである。

※B4判のコピー用紙を縦長に並べ、端1cm程度をのりしろにして貼り合わせる。

2　手を描く

　下描き用紙を机の上に置かせ、次のように話す。

> 　手を一つだけ描きます。手を描く場所を決めなさい。決めたら○をつけます。つけたら鉛筆を置きなさい。

　サッと見てまわり、全員が○をつけていることを確認してから次の指示を出す。

> 　自分の手でポーズを決めます。その手の「つめ」を一つだけ丁寧に描きなさい。描けた人は手を挙げなさい。

　手を挙げた子の「つめ」の絵を次々に確認してまわる。

> 　次は、今描いたつめのまわりから、黒板の順に描いていき、指を1本完成させましょう。

【板書】

| つめ → つめのまわり → 第一関節 → 第二関節 → こぶし |

指１本ができた子は、見せにくるよう話してから、始めさせる。
見せにきた子には、同じ順番で残りの指も描かせる。
さらに、手のひら（または甲）で指をつなげ、手を完成させる。
ただし、腕は絶対に描かせない。
手が完成したら、もう一方の手を同じ順序で描かせる。
もしも何かを持っていればそれも描かせる。
題材選びからここまでで二時間費やした。

3 顔を描く

まず話す。

> 顔を描きます。用紙の真ん中以外に鼻を描く場所を決めましょう。決めたら、指で押さえなさい。

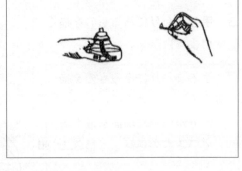

全員が押さえていることを確認してから、鼻を描かせる。
子供たちが鼻を描いている間に次のように板書しておく。

【板書】

| 鼻 → 目 → 口 → あご → 耳 → 髪 |

※目玉は、指先を見つめさせる。
全員が鼻を描き終えたら、板書を指さす。

> 黒板の順番で顔を完成させなさい。目玉は、必ず指先を見つめさせな

さい。はじめ！

　子供たちは、これまでに酒井式の顔の描き方を数度経験している。
　したがって、顔の各パーツの描き方を一つずつ指導する必要はない。順番を指定するだけで描くことができた。

4　つなげる

　顔と手をつなげさせる。
　子供の構図はバラバラなので個別指導してまわった。
　どの子も、手と顔の空間をつなげていくことに集中していた。

5　手のまわりにあるものを描く

　次のように話す。

> 　手のまわりにあるものを描きます。
> 　自分が決めた場面を最も表しているものを詳しく描きましょう。

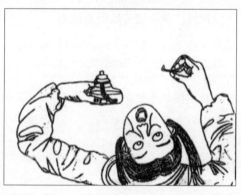

　完全に個別な活動である。
　教室全体をまわりながら、一人ひとりの進行状況を確認し、援助する。
　さらに、描き加える必要があると思われるものはそれを描くように勧める。

6　背景を描く

次のように話して始めさせる。

> 背景を描きます。
> 一目見たらどこの場所かわかるようなものを背景に描きましょう。

画面が寂しいものには人物をもう一人描き加えさせる。

これで下描きの第一段階は終了である。

7　切り取る

下描き用紙は、版画板より一回り大きくなっている。そこで、版画の大きさに合わせて周囲をカットする。

> どの部分を入れたら迫力が出るか考えながら、切り取るところに線を引きなさい。

右の図Aのように版画板を下に敷いて試行させる。切り取る部分が決まれば、ハサミで切り取らせる。

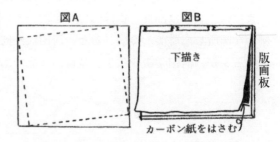

8　転写する

上の図Bのように版画板と下描き用紙の上部をセロハンテープでぴったり合わせる。

そして、間にカーボン紙をはさんで鉛筆でなぞらせる。さらに、転写された線を太いフェルトペンでなぞらせる。

以上、河田氏が20代の時の実践である。

2018年の実践になると、いくつか大きく変わっている。ただ、顔を描かせる順番、手から顔という描かせる順番などは変わっていない。以下、変わったところを三つ示す。

一つ目。今はA4用紙に下描きを描かせている。手元には写真がある。河田氏が撮り、印刷した写真である。写真はダイナミックな構図になるように撮っている。

子供たちは、その写真を「参考」にしながら描いていく。大事なことは「参考」である。そのとおり描かせるのではない。

二つ目。今はトレーシングペーパーを使わせていない。Photo Drawというソフトを使う。まずA4で描かせた紙をスキャナーで取り込む。「反転」という機能を使い、画像を反転させる。そして、A3用紙で拡大印刷する。つまり、子供たちの手順を一つ省いているのである。

三つ目。河田氏は、顔を黒にしている場合が多い。酒井市の酒井臣吾氏から学んだという。次ページのようにである。

顔を黒にすると、光の当たり具合や立体感も表現することができる。この光が当たっているところや、背景は、平刀で彫らせることが多い。

また、インクは油性、紙は白兎紙を使っている。この二つの組み合わせが細かな箇所も一番美しく刷れると、河田氏が同僚から聞いたそうである。次のページが、河田学級5年生、全員の作品である。

Ⅱ ドキッ！ すごい木版画・紙版画　制作指導のヒミツ　63

Ⅱ ドキッ！ すごい木版画・紙版画　制作指導のヒミツ　65

Ⅲ ライブで体感！河田式版画指導のヒミツをのぞく

1 版画指導のマネジメント

信藤明秀

1 図工は孤独な作業

2011年1月21日（金）3・4時間目。

桜山小5年生での河田氏による版画指導、「彫り」を見た。

8年前のこの実践には、版画指導の原理原則が随所にちりばめられている。

私は、ライブで学んだ版画指導の原理原則を活用し、自教室で数年間追試した。

下絵の描かせ方から彫りの指導まで、とにかく河田氏の実践にできる限り忠実に行った。

そのいずれにおいても、効果は大きかった。

特に、図工を苦手とする子たちが、最後まで集中して彫り、魅力的な作品を仕上げることができた。

読者にもぜひ、河田氏の版画指導を追試していただきたい。

この日の彫りは、自教室で行われていた。
（図工室で行うこともあるという。）
チャイムが鳴る数分前、教室に入ってきた河田氏。
教室ではすでに版画の彫りを始めている子がほとんど。
第一声。
「チャイムが鳴ったら、孤独な作業を始めましょう。」

> 孤独な作業

図工の授業のイメージを端的に表す言葉に応えるように、子供たちはひたすら彫り進めていった。

3時間目終了を示すチャイムが鳴った時、河田氏が、

「休憩。5分休憩。」

と言うまでは、ひたすら作業をする子供たちだった。

4時間目はさすがに河田学級といえど、集中力が切れそうになることもあった。

そんなとき、河田氏はつぶやく。

「しゃべっている人は、隣の和室でやってください。」

決して強い口調で言っているわけではない。

それでもすぐに教室からおしゃべりが消えていく。

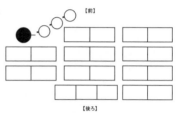

2 個別指導と彫りの往復運動

版画の彫りは、河田氏の個別指導が入る。

システムはいたってシンプル。

河田氏のところに版木を持って行く。
自分の席で彫る。

自分の席と河田氏のところを往復するのである。

河田氏が座っているのは、教室全体を見渡すことのできる位置。体の向きも同様。

チャイムが鳴り、子供たちがザッと河田氏のもとへと集まろうとした。

「ストップ。1、2、3（指し示しながら）。」

「あと、座る。できるところやってなさい。」

個別指導になると、どうしても時間がかかる。

列ができることを抑える河田氏の指示だった。

Ⅲ ライブで体感！ 河田式版画指導のヒミツをのぞく　67

2 個別指導の極意　　　　　　　　信藤明秀

1　個別指導のためのツール、フェルトペン

個別指導が始まる時、河田氏が手にしていたのは、次のもの。

> フェルトペン（太、細の2ペンタイプ）

最初に手にしていたのは、青。
三菱uniのPROCKEYだ。
主に細い方を使う。
キャップをした状態で、指し示し、
「ここんとこ、彫ってきて。」
「くり抜くんじゃなくて、周りを彫る。」

時におおざっぱに、時に細かく指示したりアドバイスをしたりする。

彫るところをフェルトペンで指し示すだけでなく、あえて彫る線をなぞる場面もあった。

しばらくして、河田氏はフェルトペンを持ち替えた。

次に手にしたのは、黒と赤。

ZEBRAのHi-Mckee（太、細の2ペンタイプ）だ。
「ここまで手にしようや。そんで、ここ『袖』」

新たな線が加えられ、ないことにする線には×印がつけられた。
「ここ『陰』。陰を彫ってくる。」

このフェルトペンを使い、指示するだけでなく、時に線を修正もする。

下絵の作製から版木に写す作業、そして今回の彫りと進む際にも、河田氏による的確な指導がなされてい

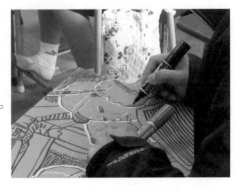

るはず。

しかし、それでもエラーする子はいる。

そういった子にもわかりやすいように、フェルトペンで明確に変更点を示すのだ。

2　フェルトペンの色の使い分け

黒と赤の使い分けを河田氏はどのようにしていたのか。

線をパッと付け加えるときには黒を用いている。

もとの線の位置を微妙に修正するときは、子供たちが自分の描いた黒の線と間違わないように赤を使っている。

「ここをくり抜く。」

と×印をつけるときも赤だ。

明確に示し、間違わないようにすべきところは、赤を使っているようである。

3　フェルトペンの太さの使い分け

授業中フェルトペンの太い方を使ったのは、一度だけだった。

子供が体操帽子の白と赤を区別しようとした時だった。

「こっちが白？」

「はい。」

河田氏は子供に確認した後、フェルトペンを太い方に変え、帽子の布の継ぎ目を表す線をなぞったのだ。

赤帽子と白帽子を比べると次ページのようになる。

左が赤帽子、右が白帽子である。

　通常は彫るところにフェルトペンがついているが、この場合、残すところがフェルトペンになる。
　彫る際にミスしにくい太い線として、わかりやすく示したのだ。

4　フェルトペンのついていないところを彫らせる

　髪の毛を彫らせるとき、河田氏はフェルトペンを通常とは違う使い方をした。

　版木の絵に描かれた人の頭の部分に、髪の毛を付け加えるようにどんどん線を引いていく。
　髪の毛として彫るところを示しているのかと思ったが、そうではなかった。
「青いとこだけ彫って。」
　つまり、

| フェルトペンのついていないところを彫らせたのだ。 |

　フェルトペンで描いたところを彫った子供もいたが、こうすることで、髪の毛の感じが他とは少し変わった仕上がりになる。
　髪の毛を表現する際のバリエーションの一つだ。

5　指導の時間とタイミング

　版木を持って自分の前に並ぶ子供たちに、河田氏は次々と指導を入れていく。

　どのくらいの時間を要しているのか、時間を計った。

1人目…16秒5　（1秒4）

2人目…10秒8　（2秒3）

3人目…7秒　（3秒3）

4人目…9秒1　（2秒9）

5人目…4秒6　（1秒8）

6人目…8秒3　（3秒）

7人目…18秒6　（2秒6）

※　（　）の中は、河田氏の前に版木が差し出されてから、指示が出されるまでの時間。

　指導に要する時間は、どんなに長くても20秒かからない。

　また、指示が出されるまでの時間は長くても3秒。

　パッと見て、すぐに指示を出す。

　子供にとっては、即対応してもらっている感覚だ。

　そばで見ていて、空気が緩む感じは一切ない。

　時には、どこを彫ってきたのかわかりにくいこともある。

「どこやったん？」

　河田氏が子供に尋ねる場合もあった。

「ここです。」

「じゃあ次は……。」

　こうした場合も、子供の意思表示を受けるとすぐに、河田氏は反応していた。

　教師の前に並ぶ子たちが多くなり、ざわついたりトラブルが起こったりす

Ⅲ　ライブで体感！　河田式版画指導のヒミツをのぞく　71

るケースがよくあるが、河田学級では一切そういったことはなかった。

6　指導の分量

　河田氏の指示は短い。
「ここんとこ仕上げてきて。」
「ここをスーッと彫って。ここまで陰をつける。」
　１回の指示で子供たちがやる部分は、割と少な目だ。
　河田氏に尋ねると、ステップを細かくしてあるとのこと。
　少ない指示だからこそ、子供たちは何をするのかが明確にわかる。

一時に一事の指導。

　授業の原則（向山洋一氏）にも沿っている。
　活動には失敗がつきものだが、版画の彫りでは、失敗を修正するのが難しい。
　彫る分量が比較的少ないので、たとえ失敗しても被害が大きくならずに済む。すぐに次の指示を受けて対応すれば、大丈夫。
　子供たちも安心して活動ができる。

3 エラーしやすい子への対応 　　　　信藤明秀

1　位置取り

図工が苦手な子たちは、とかく暴走しがちだ。

間違ったやり方でどんどん進めてしまい、修正がききにくいところまでやってしまうこともよくある。

そうならぬように、

> すぐに教師が声を掛けてやれる状態

で作業をする必要がある。

個別指導をする際の河田氏は、それをやれる位置に陣取っていた。

●が河田氏の位置。

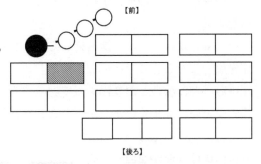

斜線の入った机が、やや版画に苦手な傾向のあるA君の席だ。

ここだと、列に並んでいる子への指導の合間に、すぐにA君に指導ができる。

A君は、常に緊張感の中で作業をすることになる。

A君の立場から言えば、おかしなことになる前に先生が声を掛けてくれる。だから、

> A君も安心して作業ができる。

苦手意識のある子供だって、良い作品を仕上げたいことには変わりはない。

そういった子にこそ、うまくできたという成功体験が必要なのである。

一人残らず全員に成功体験を保証する河田氏の思想は、こうしたところにも表れている。

2 細かなやりとり

　河田氏は、自分の前に子供が並んでいないときは、A君の彫る様子を見ていた。
　そして、A君に細かく指示を与えたり質問を受けたりしていた。
「先生、こんな感じでいいですか？」
「いいけど、線のとおりに彫って。」
「先生……（うまくいかなかったことを報告）。」
「ええよ。そのくらい。でも慎重にね。」
　河田氏は、温かな口調でA君と何度もやりとりをする。
　時には、きっぱりと言うこともあった。
「ここ触りません。」
　細かな彫りの技術を必要とする個所を指して、河田氏は言った。
　まだそこの部分の彫り方を教えていないのだ。

「この、よくわからんところは彫りません。」

どちらも、A君のおかしそうなミスを先取りして言ったのであろう。

3　やって見せる

A君への指導は、列に並んでいる子とは別に何度も行われた。

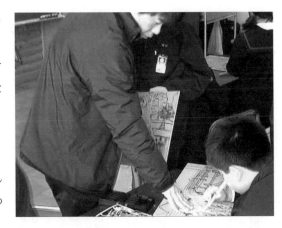

その内容も、他の子に対する指導よりも細かく具体的だ。

どこをどのように彫るのかを示す河田氏。

A君は、それでもうまくできないことがある。

河田氏は彫刻刀を自分の膝の上にケースごと持っていて、対応した。

A君の目の前で、彫り方を見せるのだ。

言葉でのイメージはなかなか正確に伝わらないが、実際に見るとその子なりに理解する。

Ⅲ ライブで体感！　河田式版画指導のヒミツをのぞく　　75

4 河田氏の口にするフレーズ　　　　　信藤明秀

1　道具を確認するフレーズ
彫りの指示をする際に、河田氏が頻繁に子供に問うていた。

> 何刀使う？

子供たちはそのたびごとに答える。
「丸刀です。」
「違う。それは角刀。」
　何人かは、このやりとりのおかげでミスをせずに済んだ。
　角刀と丸刀では刷り上がった時の感じが大きく違う。
「何刀使う？」
「角か丸か？」
「角刀です。」
　これだけ頻繁に尋ねられていたら、意識しないわけにはいかない。子供たちの机上にも、この2種類があった。

2 彫りの違いを意識させるフレーズ

角刀（三角刀）と丸刀の違いを彫り方の違いに置き換える。

線彫り（三角刀）
くり抜く（丸刀・小丸刀）

このフレーズも、河田氏の言葉に何度も出てきた。

「ここ、線彫り。」

「ここはくり抜く。」

短くスパッと言う。

このフレーズが先ほどのフェルトペンと合わさる。

「くり抜く」のときに、河田氏がちょこちょこっと×印をつけていく。

何をするのか、実にわかりやすい。

子供たちが河田氏のもとを離れ、自分の座席に戻った時に、何をするのかすぐに思い出すことができる。

3 どこを彫るかを意識させるフレーズ

通常、フェルトペンで描いてあるところを彫ることが多いが、逆もある。

先述した髪の毛の特殊なバージョンをはじめ、いくつかの場面では、フェルトペンではないところを彫ることになる。

青いところを彫って。

今回指導で用いていたのは、水色の板版木である。

彫ったところの水色（青）が消え、木のもとの色が見える。

「青を彫る」なら、よくわかる。

Ⅲ ライブで体感！ 河田式版画指導のヒミツをのぞく　77

5 難所を越えさせる

信藤明秀

1 確認と評定〜釘をさす

少し版画の彫りが苦手なB君が、河田氏のもとに来た。

先の指示されていたことをやり、次の指導を受けに来たのだ。

次の彫りはかなり難しい。

その時のB君への河田氏の対応。

「どこやったん？

よっし、オッケー。

今度は、難しいぞ。ええか。」

---

①やったことの確認

②評定（力強く褒める）

③釘をさす

しっかりと認めてもらっているから、安心して
指示を聞くことができる。

2 手順をそろえたわかりやすい指示

先の言葉に続いて、テンポよく指示に入る。

「角刀でこの周りをまずザーッと彫っていく。

そして、中を丸刀でくり抜いといで。」

この指示には、次の要素が入っている。

①何を使って

②どこを

③どのように

また、「角刀で線彫り→丸刀でくり抜く」という、これまでと同じ手順である。

おそらく河田氏は、手順をそろえているのだと思う。
同じ手順だから安定する。
算数の指導と同じだ。

3 再度釘をさし、関所を設ける

それでも間違えるのが子供たちである。
「こんな暴走しちゃだめだよ。」
河田氏はB君の作品の一部を指してこう言った。
そして、その後が重要だ。

| これだけちょっと練習して。そして見せて。 |

河田氏は関所を設けたのだ。
ここが通過できれば、その後も大丈夫。
まずちょっとやらせてみて、確認するのだ。
しばらくして、B君はやったところを見せに河田氏のところに来た。
B君はやり方を間違えていたが、この関所のおかげで、大きな傷にならずに済んだ。
そして素敵な作品が仕上がった。

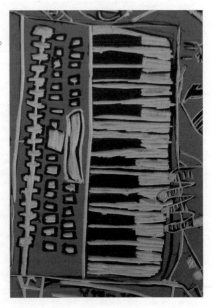

6 作品にみられる河田学級作品の特徴　信藤明秀

1　人物が浮かび上がる

　子供たちの作業を見ていると、人物を彫る際にも輪郭を単純に彫っているのではないことがわかる。

　人物を彫るときの原則として、次の二つが見えてくる。

> ①輪郭の黒線が見えるようにその外側を三角刀で彫る。
> ②外側に彫った線に向かって外から小丸刀で彫る。

　例えば、次のように彫っていた。

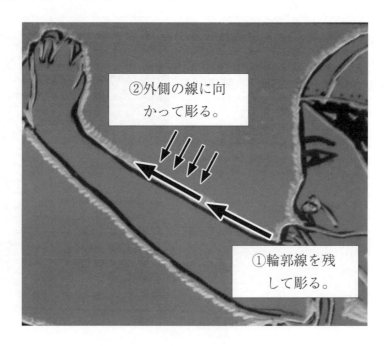

　こうすることで、刷り上がった時、人物が浮かび上がって見える。

　単に線で彫るよりも力強さが出てくる感じになる。

　細かな作業が必要だが、それだけ作品の密度が上がる。

2　陰をつける

子供たちの彫りを見ていると、輪郭のバリエーションにはもう一つあった。それが、人物に陰をつける彫り方だ。

①輪郭の黒線の上を三角刀で彫る。
②彫った輪郭線に向かって、内から小丸刀で彫る。

例えば、次のように彫っていた。

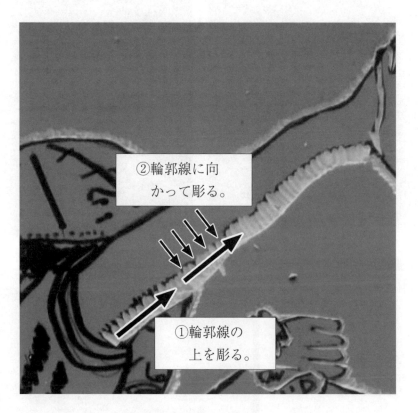

この方法を取り入れると、立体感が出てくる。
べたっとならず、人物に厚みが感じられるようになる。

3 リアリティが出る「しわ」

　多くの子の人物の服には、「しわ」が見られた。

　それは各自が思い思いにつけているようにも見える。

　下の写真を見ると、体操服を着た人物の体の動きに合わせて、しわができているのがわかる。

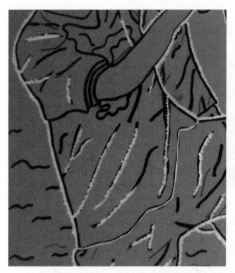
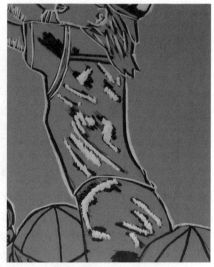

　子供たちが持っていた資料の中に、「しわ」に関するものがあった。

　河田氏がインターネットから参考になるものをプリントアウトしたと思われる。「いろんな描き方をして、自分の法則をつくろう」とある。

　子供たちは、自分なりの研究をして、「しわ」をつけているのかもしれない。

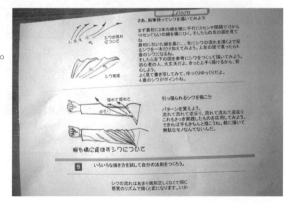

4 地面などの広いところ

　地面（運動場）など、広い部分のある絵があった。
　ここを河田氏はどのように指導したのか。

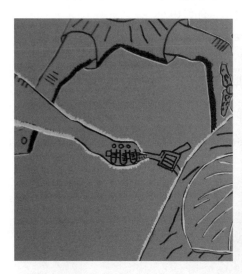 

　特徴的な彫り方をしていたのは、上の作品だ。
　刷り上がると、真っ白でもなく真っ黒でもなく、不規則に白と黒が並んでいる。
　まさに運動場のように、特に何があるでもないような広いところを表現するのにぴったりの方法だと思った。
　河田氏に尋ねたところ、

| 「平刀を使わせた」 |

と聞いた。（文責信藤）
　聞いて早速やってみたが、このような感じにはならない。
　一体どのような彫り方をさせれば、このような仕上がりになるのであろうか。
　全面平刀で彫らせたというが、疑問は残ったままである。

Ⅲ ライブで体感！　河田式版画指導のヒミツをのぞく　　83

7 下絵のつくらせ方　　　　　　　信藤明秀

◆ 白黒写真から

　河田学級の壁には、版画の下絵が掲示されていた。
A4サイズの紙を2枚貼り合わせた大きさであろうか。
どの下絵もリアリティのあるしっかりとしたものである。
どのようにして作製したのか、子供たちにインタビューした。

1　白黒写真を見てなぞる。（1鉛筆、2フェルトペン）
2　白い紙を1の紙に重ね、窓に貼る。
3　フェルトペンでなぞる。
4　拡大して二つに分ける。

　大まかにはこのようにしたという。

　次いで河田氏から聞いたのは、写真を加工した画像加工ソフトはMicrosoft Photo Drawであるということ。

　かなり古いソフトだが、河田氏曰く、かなり使い勝手がいいソフトなのだそうだ。

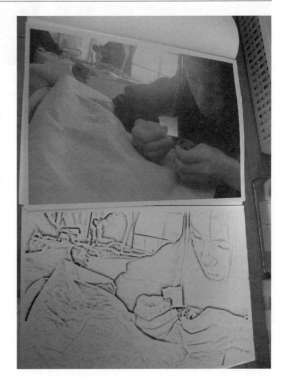

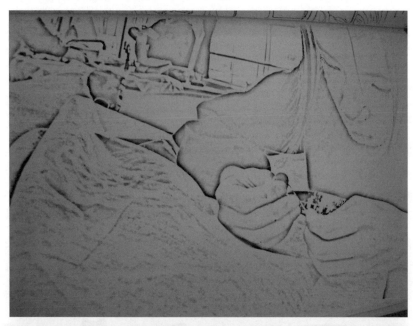

Ⅲ ライブで体感！ 河田式版画指導のヒミツをのぞく

Ⅳ 河田式版画指導法を追試 追試体験でわかったコツ！

1 低学年：1年生での追試体験   山田恵子

1 「型押し版画やってみたい！」とやりたい気持ちいっぱいにさせる

影絵当てゲームをする。

> 発問：生きものが出てきます。何でしょう。

　版画のテーマは、昆虫、魚などの生きものである。子供につくってもらいたい生きものをシルエットで提示し、当てさせる。一人ずつ答えさせたり、全員一斉に答えさせたりする。当たった時には、「すごい」「よく知っているね」などと褒める。

　また、「これは、難しいよ」「レベル、アップ」と言いながらシルエット（下図）を提示する。子供は、「わかった！」「簡単、簡単」などと言いながら、熱中して答える。

> 説明：今日は、こんな形をつくって、たくさん写す「型押し版画」をやります。

　河田学級の作品を拡大コピーしたものを提示し、作品の完成形をイメージさせる。

2　ケント紙での版づくり

①下絵を描く

> 説明：版にしたい生きもの一つを決め、形をつくります。
> 　　　トンボでも、チョウでも、ゾウでもいいですよ。

　八つ切りのケント紙4分の1を渡す。

　さらに、見本を見せながら、次の点に留意するよう話す。

・鉛筆で描くこと

・紙いっぱいに描くこと

・細い足や触覚などは、なるべく太くすること

・ひと筆で描けるものとすること

　ひと筆とそうでないものを黒板に例示し、ひと筆の意味を知らせる。

　どうしても、形が描きにくい児童のために、生きもののイラストを用意しておく。また、イラストを見ても描くことが難しい場合には、下絵を薄く描いてやり、なぞっていいことを伝える。または、あらかじめつくっておいた版をケント紙の上に置き、周りをなぞらせる。

　実際に形として現れるのは、版である。

　下絵の段階で、形の整った絵を描かせておくことが型押し版画成功への道でもある。

「ここは、もっと太くすると、形がくっきりとわかるね」などとアドバイスをする。ほんの少しの凸凹を修正するだけで、生きものの形がはっきりする。

　目や耳の穴まで描き込む子がいるが、消すことはさせない。目などなくて

Ⅳ　河田式版画指導法を追試　追試体験でわかったコツ！　　87

もよいのだが、描き込んでいても版に影響はないから。
　下絵への教師のサポートが、版画を決める。
②下絵を切る
　下絵（右図）を切るポイントは、次の４点である。

・外枠だけを切る（目玉は切り離さない）。
・下絵に近い端からはさみを入れる。
・切り始めたら、途中でやめないで、一気に切る。
・ゆっくり切る。ギザギザにならないように切る。

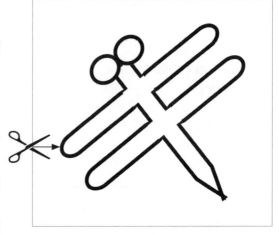

　トンボの紙も、トンボの周りの紙もどちらも使うので、はさみを入れるのは、１回だけとする。
　これらのことは、説明しながら、実際に切って見せる。
　切り取った実物、外枠とも版となる。

３　パスでの型押し

　河田氏の型押しは、タンポにつけた絵の具を使っている。
　河田学級で型押し版画の実物を見せてもらった時、一番に感じたのは、１年生にどうやって絵の具を使って型押し版画を作製させたのだろうということである。しかも、様々な形で、様々な色で、十人十色の作品で。１年生に絵の具を使わせることがどれだけ大変なことか。
　絵の具を出させて、絵の具と水の量を指示して、タンポにつける絵の具の量を指示して、実際に紙に押させるなんて、至難の業だ。しかも、デザイン的にも美しくするなんて。
　子供の実態からも、絵の具を使うことは、追試できそうになかった。

そこで、絵の具の代わりにパスを使うこととした。

絵の具ではなく、パスを使う。この部分は、河田実践と大きく異なるところである。

〈準備するもの〉

型押し用の版、パスを塗る時に敷く用紙、ティッシュ（または綿棒）、画用紙

つくった形を画用紙に写す段階である。まず、やって見せながら説明をする。

> 説明：1色この色にするというのを決めて、パスで形の周りに塗ります。濃く、ぎゅぎゅと塗ります。形を画用紙に置いて、塗ったパスをティッシュでシュシュと外側に広げます。

版を画用紙からはずした瞬間、「わあ」と歓声が上がった。やってみたいモード全開となる。

次の点に留意させる。

・パスの色……暗い感じになるので黒色、灰色は使わない。目立たないので、白色、ペールオレンジ、黄色は使わない。

・1つ目は、練習用として、八つ切り画用紙4分の1くらい画用紙に写させる。

・パスで版に色を塗る時には、濃くしっかりとつけさせる。薄いと、パスが広がらないので。

・ティッシュでパスを広げる時にも、力がいる。ティッシュを4cm四方に折る、または指に巻き付けるなどの方法も伝える。

・ティッシュだけでなく、版を押さえる手にも力を入れ、版がずれないようにさせる。

Ⅳ 河田式版画指導法を追試　追試体験でわかったコツ！　89

> 説明：大きな画用紙に形を写します。トンボは、田んぼの稲に集まってきました。だから、みんなこっちを向くように写します。魚は、えさに向かって集まってきました。だから、みんなこっちを向くように写します。

これらも、実際に実物を示しながら、説明する。

> 指示：ここに集まるっていう場所を決めなさい。そこに、消しゴムを置きましょう。

子供はとかく、写した形を整列させようとする。「真っすぐ一列に並んだら、集まるって感じがしないよね」と良くない例を示す。

4 版画への描き込み

〈準備するもの〉

　カラーペン（油性でも水性でもよい）

版を写した画用紙に描き込みをする。生きものに目や体の模様を描いたり、周りにワカメや風の模様を描いたりさせる。ただ、周りの模様が目立ちすぎないようにさせる。　　　※子供の作品は、すべて返却したためありません。

② 低学年:河田実践「かたおし」は指導要領に合致している

奥田嚴文

1　作品鑑賞①

河田実践、30代の時の作品を紹介する。

どのような印象をもっただろうか。

この実践を追試するにあたり、1年生の子供たちに、これらの作品を見せて良いところを書かせた（この段階ではまだ、版画であることは知らない）。

すると、次のような意見が出てきた。

・生きものがじょうずにかいてあります。
・たくさん生きものが出てきます。
・生きものがうごいているみたいです。
・おなじ生きものがたくさんいます。
・かたちはおなじなのに、もようがちがいます。
・きれいないろでかいてあります。
・わたしも、こんなえをかいてみたいです。
・まん中にむかっているのや、左のほうにむかっているのがあってすごい。
・いろがてんてんのようになっています。
・すきまがなくて、いっぱいにかいてあります。

これから、こんな作品をつくることを告げると、喜ぶ子供もいれば、「こんなの無理だ」と驚いている子供もいた。

このように見事な1年生の作品が生まれるまでの授業の組み立ては次のとおりである。

①影絵遊びをする。
②生きものを1匹だけ描き、切り抜く。
③ステンシルの要領で型を写し取る遊びをする（タンポで着色）。
④練習したもので、生きものクイズをする。
⑤生きものが好きなものを考える。
⑥好きなものに向かっていく構図になるよう着色する。
⑦野菜を使って生きものに模様をつける。

Ⅳ 河田式版画指導法を追試　追試体験でわかったコツ！　93

組み立てからもわかるように、1年生の実態に沿った、造形遊びを意識した内容となっている。どのクラスで行っても、楽しい授業になること間違いなしである。さらには、素敵な作品も完成させることできる。

2　作品鑑賞②
　以上の組み立てを踏まえて、授業の様子を想像しながら他の河田学級の作品も鑑賞してみよう。

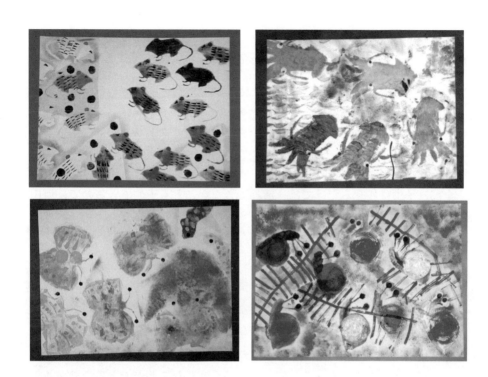

　どの作品も躍動感を感じるものとなっている。
　最初に掲載した作品も、授業の組み立てを読んで、改めて鑑賞してみると、納得できることが多くあるのではないだろうか。
　何年生でも追試したい内容である。

3　1年生に育てたい力と合致
　指導要領の内容と本実践を比較してみよう。

> 　造形遊びをする活動を通して、身近な自然物や人工の材料の形や色などを基に造形的な活動を思い付くことや、感覚や気持ちを生かしながら、どのように活動するかについて考えること。

　驚くほど河田実践と合致している。

身近な生きものを選び、野菜の切り口を使って表現活動を行っている。型があるので、子供たちは安心して造形活動に取り組むことができる。

> 　絵や立体、工作に表す活動を通して、感じたこと、想像したことから、表したいことを見付けることや、好きな形や色を選んだり、いろいろな形や色を考えたりしながら、どのように表すかについて考えること。

　まさしく、ぴったり合致している。

　全部、子供に任せるだけでは、活動できないことも予測できるので、河田氏は選択肢を与えている。

「生きもの」を選ぶ。

「その生きものが好きなもの」を選ぶ。

「好きなものに向かっていくように」構図を選ぶ。

　選ぶことで、表現活動が苦手な子供たちも安心して活動することができる。

　これらの選択肢は容易な割に、一つひとつの自由度が高いので無限の組み合わせがある。だから、表現活動が得意な子供も、独創的な作品を完成させることができるのである。そして、どの子も楽しむことができるのである。

> 　造形遊びをする活動を通して、身近で扱いやすい材料や用具に十分に慣れるとともに、並べたり、つないだり、積んだりするなど手や体全体の感覚などを働かせ、活動を工夫してつくること。

　絵の具を使い始めて間もない１年生に筆やパレットを使っての混色は難易度が高い。

　河田氏の実践はタンポなので、「身近で扱いやすい材料や用具」に合致している。

　鑑賞についても、内容を確認してみよう。

> 　身の回りの作品などを鑑賞する活動を通して、自分たちの作品や身近な材料などの造形的な面白さや楽しさ、表したいこと、表し方などにつ

いて、感じ取ったり考えたりし、自分の見方や感じ方を広げること。

単元の最初に影絵遊びを行ったり、練習した型を使ってクイズをしたりするなど、鑑賞活動を入れながら単元を進めている。

また、「共通事項」として次のことが求められる。

① 「A表現」及び「B鑑賞」の指導を通して、次の事項を身に付けることができるよう指導する。

ア 自分の感覚や行為を通して、形や色などに気付くこと。

イ 形や色などを基に、自分のイメージをもつこと。

これほどに指導要領に合致した版画の授業を私たちは行っているだろうか。私自身の実践を振り返ってみると、放任に偏ったり、主導に偏ったりしている。

指導要領を改めて熟読し、低学年の図工授業のお手本のような本実践を追試する。そうすることで、授業力を高めていくことにつながる。

もちろん、子供が満足する造形活動を行い、子供や保護者が驚く作品も残すことができる。

Ⅳ 河田式版画指導法を追試 追試体験でわかったコツ！ 97

③ ICT機器の活用で下絵がグレードアップ　　吉谷 亮

1　下描き効率化

河田学級の版画作品はとても動きがあり、生き生きとしている。一部の子供だけではない。すべての子供たちの作品が画面狭しと人物が躍動している。その秘密の一つに下描きの効率化があると考えている。

版画は板に絵を描き、彫ったり刷ったりと作業が多い学習である。作業が多いからこそ、序盤の下描きの出来栄えがその後の児童のモチベーションを左右する。下描きがイメージどおりに描けていれば彫りも順調に進んでいくが、そうでなければそ

の数時間行われるであろう彫りや刷りの時間は子供にとって苦痛でしかない。そのため、いかに下絵を描かせるのかは毎年悩みのタネとなっていた。

この下描きだけでもかなりの労力が使われる。しかし、河田実践を追試することで下描き作業が格段に効率化される。

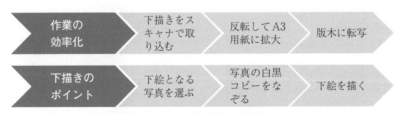

本稿で取り上げる作製の手順

2 作業の効率化

今までの版画の下絵作業には次のような手順があった。

①下描きを版木と同じ大きさのA3用紙に描く。

②下描きの上にトレーシングペーパーを置き、なぞる。

③なぞった作品を版木の上に反転させて置く。版木と下描きの間にカーボン紙を挟んでなぞる。

上の方法であれば、子供は同じ絵を3回描くことになる。河田氏は子供が描いた下描きをスキャナで取り込み、パソコンで画像処理ソフトを使って反転させる。その反転画像をA3用紙に拡大プリントアウトさせる。つまり、②の作業が無くなる。子供の負担が軽減されることになる。②の作業も版画の工程として大切であると考えている教師もいる。確かにそれも一理あるかもしれない。しかし、河田氏は次のように書いている。

「それがいいんだ」「それも大切な版画の学習なんだ」という先生はいます。私もそう思います。しかし、学校の授業時間は、昔に比べ随分減っています。働き方改革ではありませんが、スキップできるところはしなければなりません。

このような発想がなかった。今までやってきたことだからと何の疑いもなく②も含めた三つの下描きの工程を行ってきた。

実際に河田氏のようにやってみて驚いた。まず、子供が下描きにしっかりと時間をかけることができる。その分下描きの質が上がる。何より子供への負担が少ない。私は①の作業の前に、A4の紙にラフスケッチを描かせていた。それをもとにA3の用紙に描かせるという、もう一手間をはさんでいた。私の周りでもそのようにやっている教師は多いと思う。河田氏は、A4の紙に下描きを描かせる。その下描きをA3に拡大プリントする。

> 　一昔前に行われていた（多くの教室では今でも）A3用紙への下描き
> は、用紙のスペースが広いから空間を埋めるのが大変です。途中、力尽
> きて「もういいや」となります。子供も先生も。A4用紙への描き込み
> は、小さいですから、わりと緻密にパーツを詰め込むことができます。

　まさにそのとおりであった。子供からは、「先生、大きい紙に描かなくて
いいんですか？」「本当にいいんですか？　やった！」と驚きと喜びの声が
漏れていた。

　やはり子供も、何度も同じ絵を写すことを苦痛に感じていたのである。特
に、絵が苦手な子や手先が器用でない子にその傾向は高かったように思う。
写すだけとはいっても、その工程で元の絵がずれたりゆがんだりすることが
ある。河田氏の方法であれば、元の下描きの絵そのままが版木に転写される
ことになる。

　子供は絵を描くという作業に没頭でき、その質も上がり、時間も短縮でき
るというメリットは大きい。ただし、河田氏も指摘しているがA4用紙だか
ら楽に描けるということではない。この作業だけでも大変である。負担が減
った分、下描き指導を妥協せずにやることが必要なのだ。

　私は河田氏の下絵をスキャナで取り込むことから着想を得て、その下絵か
ら完成イメージをもたせることもソフトを用いて行っている。画像処理ソフ
トを使えば画像に効果を加えることができる。例えば、下描きの鉛筆やフェ
ルトペンで描いた部分を白にして、用紙の白い部分を黒にすることがボタン
一つでできてしまう。

　このような機能を使えば、容易に子供たちに完成イメージをもたせること
ができる。特に、中学年で初めて彫刻刀を使うという場合は、彫ったところ
が白くなるということをいくら口で指導してもなかなか理解できない。しか
し、ソフトを使った画像を見せればすぐに理解できる。特に見通しをもつこ
とが難しい子には明確なイメージとなるために、その後の意欲を継続させる
ことにもつながる。また、この場合、線彫りのイメージであるため、面彫り

でどの部分を彫ったら効果的かということを考える指導にもつながる。さらに、実際に彫る作業を進めている途中でも同じことができる。版木をスキャナで読み取るか、写真で撮影してソフトで加工することで仮の完成イメージをつくることができる。

　ちなみに最近では学校に導入されているコピー機にスキャナ機能がついていることが多い。A3サイズまでの作品ならば取り込むことができる。もちろん、USBでデータを取り出すことができる。このように、効率化できる部分はICT機器を活用すべきだと思う。これはパソコンやスキャナだけに限らない。

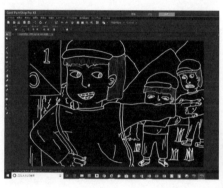

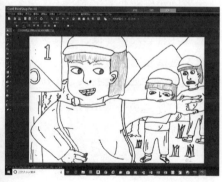

3 下描きのポイント

肝心の下描きであるが、河田氏は以下の方法で下描きを描くように指導している。

題材選び

- ・熱中したこと
- ・動きがある
- ・一人の人物を大きく描く（その年のテーマによっては逆にたくさんの人を画面に詰め込むように指導するときもある）

下描きに至る手順

- ・題材となる写真を選ぶ
- ・選んだ写真の白黒コピーを鉛筆でなぞる
- ・輪郭強化のために、さらに油性フェルトペンでなぞる
- ・下絵を描く
- ・教師が確認してアドバイスをする

まず注目したいのは、写真を使うということである。河田氏は題材と合う写真を選ばせている。

選ぶといってももちろん1枚2枚のレベルではないだろう。それぞれの行事ごとの写真から選ぶのである。

行事等でクラスの様子を撮影することは多いと思うが、版画の作品と関連付けて撮影しているだろうか。いざ写真を参考にさせようと思っても、やってみるとわかるが使える写真は少ない。なぜなら、記録写真として撮ることはあっても、人物の動きや撮る角度などにこだわったりはしないからである。

実際に学級で子供たちに写真を選ばせてみたことがある。結果、ほとんどの写真が使えなかった。

子供たちがイメージしているポーズやシーンが思いのほかなかったのである。写真を使おうと思ったら実際に版画の絵となるかどうかを意識すること

も必要だとわかった。

また、河田氏はその写真をそのままなぞらせている。しかも、鉛筆と油性フェルトペンで2回もである。そしてようやく、なぞった後に下絵を描かせているのである。なぞったものが下描きになるのではない。なぞった後に、やっと下絵の作業に入るのである。先ほど、スキャナで取り込むことで作業を短縮できると書いたが、この写真をなぞるという作業には時間をかけている。

これにも意味があった。

私は今まで、下絵の構図や人物の動きが大切だということを指導してきた（つもりであった）。

しかし、言葉でいくら動きをつけることや構図が大切だと話しても、わかったつもりになるだけで実際に描かせてみるとなかなかうまくいかない。

しかし、写真をなぞるという作業をはさむことで、子供たちの絵が一気にグレードアップする。具体的に、表情や体のバランス、動き、アングルなどがリアルなものになるのだ。

このことから、理解と技能は別物だということがわかった。例えば、自転車の乗り方をいくら口で説明しても、ほとんどの子は乗れるようにはならない。乗れるのは練習と経験を積んだ子だけだ。つまり、人物の動きや表情、角度なども練習しなければ描けるようにならないのである。なぞるという作業は、この練習の部分に当たるのである。

できあがった下絵をなぞるよりも、下絵の完成度を高めるためのなぞりの方が有効なのである。

Ⅳ 河田式版画指導法を追試　追試体験でわかったコツ！　103

4 高学年：5年生での追試体験 　　　　　下窪理政

1　河田式版画指導法の追試でできた版画

　河田式版画指導法を追試してできた作品である。追試をすると、子供たちも納得の作品ができあがる。

2 河田式版画指導法のステップ

　河田式版画指導法には、ステップがある。ステップを一つずつクリアーした先に子供も納得の作品ができあがる。フローチャートで示す。

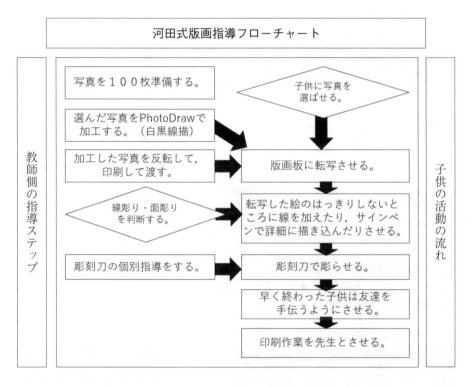

　河田式版画指導法を追試して、ステップとステップの間に、大きな違いがあることがわかった。一つひとつのステップの中に微細な技術が詰まっている。河田学級の作品と比較することで、明確にわかったことがあった。

3 河田式版画指導法のステップの微細技術
①写真を選ぶ前のステップ
　河田式版画指導法に入る前に、河田学級の過去の作品を子供たちに印刷して、配付した。子供たちは、河田学級の作品を見ることで、写真選びの視点

ができる。河田学級で用意された写真は、河田氏が準備したものである。構図がどれも目を引くものばかりである。版画ができあがるイメージを先につくることもできる。河田式版画指導法のステップ以前の準備が大切だ。ここから、追試が始まる。

②選んだ写真を加工するには

河田氏は、選んだ写真をPhotoDrawで加工する。現在、PhotoDrawのソフトはない。代替できるものを探す必要がある。ここは、いろいろなソフトで試行錯誤する必要がある。今回は、PhotoShop Elementsで加工を行った。このソフトで加工することで、PhotoDrawに近い作品に仕上げることができる。加工したものをプリントアウトして、コピー機で拡大と反転を行って、子供たちに渡す絵が完成する。

③転写した絵をはっきりさせる微細技術

転写した絵は、線がはっきりせず、曖昧になっている。カーボン紙を敷いて、なぞっただけの線になっているからである。私は、ここで微細技術を一つ見落としていた。はっきりしないところを鉛筆で描いて修正しただけになっていた。しかし、河田学級は違う。下描きの足りないところを補修し、さらにフェルトペンでなぞっている。しかも同じ太さのものばかりではない。太さを変えて、なぞらせているのだ。これによって、削るところと残す部分

が明確にわかるようになる。子供たちが、削るときに丸刀か角刀かで迷うこともなくなる。それに加えて、フェルトペンの太さを変えるということは、河田氏が個別に指導をしているはずである。個別指導の徹底によって、子供たちが大満足の作品へと仕上がっていくのである。

下描きでは、酒井式の技術が多様されている。目玉の形や向きが違う。写真を加工しただけのものにならないように、手を加えているのである。顔の表情は、唇や鼻の下の溝やほうれい線も描いている。服のしわもある。また、下描きでは、もう一つの特徴として、影をつけている。人物には、足や手の部分に影がある。積み上げた缶にも影をつけている。影をつけることで、立体感が出てくる。彫る前に指導があったことがわかる。

Ⅳ 河田式版画指導法を追試　追試体験でわかったコツ！　　107

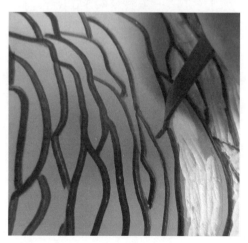

④彫りの微細技術

彫りにもたくさんの技術が隠されている。

彫りが上手くいかないことを河田氏に話した時に、「平刀と切り出しを使う」と言っていた。平刀と切り出しの使い方を明確に分けているのである。この作品の背景になっている地面のところは、平刀を使って彫られている。他の彫刻刀では、地面の凹凸を表現することは、難しいからである。平刀を使うことで一味も二味も違う版画になってくるのだ。

また、切り出しは、どのように使うのか。

線を残すために使うのである。線の手前に切り出しで切り込みを入れることで、線がはがれることを防ぐことができるのだ。するとしないとでは、細部の出来に大きな差が生まれる。一つひとつの作業を丁寧にすることが大切なのだ。また、河田式版画指導法だけでなく、読書感想画指導法でも道具の正しい扱いを河田氏は繰り返し指導される。基本の習得なしに名画は誕生しないのだ。

⑤印刷の時の微細技術

　河田氏は、刷りにも微細技術をもっている。まずは、道具である。印刷する紙は、白兎紙を使う。教材のキットに入っている紙ではない。さらに、印刷する時のインクは油性である。河田氏は言う。「白兎紙と油性インクでないと、インクが上手に乗らないんだ。いい作品に仕上がらない」。

　私は、キットに入っている紙と中性インクで追試をした。すると、2枚目に入ると色がかすみ始める。そして、紙とインクがなかなかなじまなかった。

　いよいよ印刷である。印刷は、教師と行うのが原則である。子供たちだけに任せると、インクでべちゃべちゃになってしまう。インクをぬり、一緒に紙を版画版に落とす。これも大事な技術だ。

　河田式版画指導法を追試して見つけた10の技術を紹介する。

【河田式版画指導の微細技術10】

①構図を選ぶ目を指導せよ。
②酒井式で顔・手・足・体の描き方を指導せよ。
③画像を加工する技術をもつ。
④転写した後は、水性・油性フェルトペンで太さを変えてなぞらせよ。
⑤下描きに影をつけて、立体感を出せ。
⑥平刀・切り出しの指導をせよ。
⑦用紙・インクにこだわれ。
⑧印刷は、教師と子供でせよ。
⑨個別に指導をせよ。
⑩基本を大切にせよ。道具の使い方を習得させよ。

5 高学年：6年生での追試体験　　　　林 健広

林学級の作品である。

　版画は、下描きで9割が決まる。何より子供のやる気に直結する。「こんな上手に下描きができたから彫りもがんばります」と、やる気が続く。

　高学年だから、自分の下描きがうまいのか、へたなのか、子供自身がわかっている。

　教師は、どの子も下描きが成功するように全力をそそぐ。

■下描き　一番のポイント：教師がモデルを用意する

モデルとは、写真などである。
例えば、運動会の大玉送りの場面を子供が描きたいと言ったとする。
教師は、大玉送りの写真を10枚以上用意する。
印刷する。
写真がなければ、グーグルで「大玉送り」と検索する。
なるべく「イラスト」で検索するとよい。
つまり「大玉送りイラスト」で検索する。
イラストで検索すると、写真より描きやすい。
線がはっきりしているからだ。

IV　河田式版画指導法を追試　追試体験でわかったコツ！　　111

子供たちは、写真を参考にして絵を描いていく。

大事なのは「参考」である。

そっくりそのまま、ではない。

顔→体→手→腕と進めていく。

手の位置が、写真と違ってもよい。

あくまで写真は「参考」である。

中心人物ができたとする。

次は、別の写真を「参考」にしてもよい。

1枚の絵の中に、たくさんの「モデル」を参考にして描いていく。

■転写　一番のポイント：Photo Draw を使う

普通は、転写はトレーシングペーパーを使う。

しかし、河田氏は、そうしない。

Photo Draw というソフトを使う。

下描きを、スキャナーで取り込む。

そして、このソフトを使い、180度向きを変える。

そして印刷する。

子供の作業を、一つ減らしてあげるのだ。

■彫り　一番のポイント：教師が彫る場所、彫る方向を教える

いよいよ彫りである。

自由に彫らせない。

彫る場所、彫る方向を教える。

例えば、顔を彫るとする。

河田氏は、赤色の油性フェルトペンを持つ。

板に、赤ペンで彫る方向を示す。

そして、ペンが示す方向に沿って彫らせていく。
また背景は、平刀がよい。
地面の淡い感じが出るからだ。

■刷り　一番のポイント：場づくり

インクは油性。
紙は、白兎紙。
この二つの相性がよい。
細かなところまできれいに刷れる。
大事なのは、場づくりである。
長机に、二つ刷る場所を準備する。
教師は真ん中に立つ。
どちらの作品も手伝いながら刷らせていく。
インクを練る紙は、ポスター紙を使う。頑丈だ。
また終われば、捨てるだけで済む。

Ⅴ 制作指導のヒミツ　Q &A

大井隆夫

Q 白と黒のコントラストの割合に、法則性はあるのでしょうか。

A 私の中では、7対3です。黒7白3です。

ただし、作品によっては変動します。

6対4だと少し白っぽい感じがします。

これは、経験則です。

Q 黒が多いほうが作品としては、締まるのでしょうか。

A 黒が多いと、作品全体として、黒っぽくなります。

例えば8対2にすると、下絵がよくても、遠くから見ると真っ黒に見えます。

少し離れて見る感じで作品をつくるとよいです。

遠くから見ると、7対3だと作品全体がよく見えます。

6対4だと少し、白が多すぎる感じがします。

離れて見ると、6対4だとよい感じがしますが、近づくと白っぽく見えてしまいます。

Q 顔は黒がよいのでしょうか。それとも白がよいのでしょうか。

A 以前は、顔は全員真っ黒でした。

最近は、顔が白い作品もあります。

顔が白いと彫る量が大変少なくなります。

今は、顔が黒いバージョンと白いバージョンを使い分けています。

使い分けのポイントがあります。

画面の中で顔の比率が多い作品は、顔を白っぽくしています。

なぜかというと、顔の比率が小さい作品は、白く彫れないからです。
無理して彫ると、鼻がなくなったりするからです。
原則として、小さい顔は黒。大きい顔は白。
顔は、彫っても真っ白にはならないですから大丈夫です。

Q 顔は、どのように彫ったらよいのでしょうか。

A 顔は、彫る方向をフェルトペンで描いてあげます。
例えば、ほっぺただったら、○です。
黒色の太いフェルトペンで行います。
作品の大きさにもよります。

Q 白と黒の場所は、どのようにして決めるのでしょうか。

A 子供と話しながら、教師が決めていきます。
白と黒の場所の決め方は、経験則です。
原則は、ありません。

Q 白と黒の場所、教師がすべて同時に指示を出すことができません。
河田先生は、どのようにして時間差をつくり出しているのでしょうか。

A まず、最初に人物の輪郭を角刀で彫らせます。
全部です。
それをすると、指示が一つなので、次々出せます。
すると、時間差が発生します。
このようにして、時間差をつくり出すのです。
そしてそれから、顔の彫り方の指示を出します。
時間差で指示を調節できるように、教師がコントロールします。

Ⅴ 制作指導のヒミツ　Q&A　115

この彫り方だと、自分も物も浮き上がり、指示も出せるのです。

こうして、時間差をつくり出します。

Q 版画に適した下絵の構図は、どのようなものでしょうか。

A とりあえず、人物が大きいものが適しています。

また、背景も大切にしています。

多くの版画作品は、背景がありません。

しかし、私は背景も大切にします。

背景をいっぱい描かせます。

そして、遠近感も重要です。

遠近感がある題材を選びます。

Q 同じ題材（エプロン）でも削っているところと削っていないところ
があります。その違いは、どのようにして決めるのでしょうか。

A 私の感覚です。

経験則に基づいて決めます。

例えば、周りが白くできないような環境のときには、エプロンを彫ら
せる。

そのようにして、削るところと削らないところを決めます。

Q 作品によって彫り方が違いますが、どのような経験則があるのでし
ょうか。

A 彫り方は、基本的には一緒です。

輪郭は、角刀。

理由は、彫りすぎないからです。

116

ストッパーの役割をします。

背景の地面は、平刀で彫ります。

教室の床目は、本人の様子を見て平刀もしくは、線の角刀かを教師が指示を出します。

Q 題材をどのようにして、決めているのでしょうか。
学級通信では、自分自身が活躍している場面とありましたが、一人ひとり違うのに、どのように決定したのでしょうか。

A 例年は、文で書かせます。

そして、一年間撮りためていた写真の中から、一人につき、5・6枚印刷し、選ばせます。

しかし、時間がないときには、一人ずつ自分が活躍した場面を言わせます。

その場面をインターネットの画像検索で探します。

その上で、本人の希望に近い場面を選択させ、決定します。

また、背景も検索し、人物と組み合わせます。

例えば、バッティングをしている人。

次に、審判。

キャッチャーなど、バラバラに検索し組み合わせることもあります。

Q 彫刻刀の使い方をどのように教えているのでしょうか。

A 6年生には、教えません。

一応、彫る方向は、教えます。

ですが、あとは、任せます。

4年生は、違います。

きちんと、彫り方を教えます。

Ⅴ 制作指導のヒミツ　Q&A　117

全員を集合させて、実際に手を添えて彫る様子を私自身がやって見せます。

学年によって、対応が違うのです。

Q 線彫りと面彫りをするときの、それぞれのポイントは何でしょうか。

A 線彫りは、線に忠実に彫ることです。

面彫りは、線が消えないようにストッパーをつくります。

例えば、文字を残したいとします。

すると、周りをまず、角刀で彫ります。

そして、周りを平刀で彫ります。

Q 白兎紙と普通の和紙の違いは何でしょうか。

A 色写りが違います。

白兎紙だと油性インクでもにじまないのです。

油性インクで普通の和紙に版画を刷ると、にじみます。

端にインクがにじんでしまうのです。

Q 油性インクは片付けが大変です。何かコツはあるのでしょうか。

A 全く大変ではありません。

灯油は、使いません。

場づくりが重要になります。

すると、周りの場所を汚しません。

カレンダーやポスターのように裏面がツルツルした紙を用意します。

端をガムテープで固定します。

その場所で、ローラーのインクを伸ばします。

となりの場所に、新聞を二日分用意します。

新聞の上に板を置き、版にインクを刷ります。

そして、子供と一緒に紙を持ち、教師のタイミングで、手を離させます。

二人で版に着地させることが大切です。

一人分が終わったら、新聞紙を一枚、捨てます。

なぜなら、インクが新聞紙についているからです。

片付けです。

片付けのときには、まず、ローラーを新聞紙の上でこすります。

そうすることで、インクを取り除きます。

その、新聞紙は、すぐにビニール袋に入れて捨てます。

ローラーは、中性洗剤（台所用）で一発で落ちます。

今は、灯油は使用していません。

中性洗剤を使用すると、非常にきれいに落とすことができます。

ローラーは、ねじを外します。

ローラー部分は、柔らかいのでスポンジを使います。

金属部分は、中性洗剤をつけ、金たわしを使います。

すると、ピカピカになります。

Q 刷っている間、ほかの子供はどのようなことをしているのでしょうか。

A 時間差になります。

早く終わった子は、6年生ならば、家庭科のエプロンづくりをします。

5年生ならば、家庭科のナップザックづくりをします。

などのように、ほかの課題を用意しておきます。

一番良いのは、社会のノートまとめがお勧めです。

そもそも、版画を刷り終わった子は、まずは、片付けをさせます。

そして、その後に版画の感想文を書きます。

V 制作指導のヒミツ Q&A 119

作文を書き終わった子は、エプロンに行くかノートまとめをさせます。

教師が手を入れず、やるべき課題をたくさん用意しておくことが大変重要です。

ですから、さまざまな課題を同時進行するということです。

専科の先生は、厳しいかもしれません。

Q お薦めの版画の板を教えてください。

A 特にありません。

ただし、大きさにこだわりがあります。

A3よりちょっと長いものです。

青色がついており、彫ったところがわかる板です。

特に、こだわりはありません。

Q 版画作品を掲示するときのポイントを教えてください。

A 版画に限らず、図工の作品の掲示の仕方は、作品と作品の間をあけるのがポイントです。

作品と作品の間は、2～3cmです。

クラスの人数にもよりますが、間をあけた方が美しく見えます。

幅のサイズは、定規で測るのではありません。

貼りながら、幅の間隔を見るのです。

Q 版画板に下絵を描くまで、どのような過程で下絵を描かせるのか教えてください。

A 例年は、文で書かせます。

そして、一年間撮りためていた写真の中から、一人につき5・6枚印

刷し、選ばせます。

しかし、時間がないときには、一人ずつ自分が活躍した場面を言わせます。

その場面をインターネットの画像検索で探します。

その上で、本人の希望に近い場面を選択させ、決定します。

また、背景も検索し、人物と組み合わせます。

酒井式のとおり、顔から描くように指示を出します。

顔から描いているのか、一人ひとりの子供を見回っていくことが大変重要です。

Q 題材の写真は、どのような場面を撮影しているのでしょうか。

A 行事ごとに写真を撮りためておきます。

例えば、授業や運動会などです。

その中から、教師が選ぶこともあります。

教師が選んだ場面の写真から、子供に選ばせます。

Q どうしても彫るのが遅い子には、どのように対応しているのでしょうか。

A まず、苦手な子供は、教師の前に来させます。

お話などして、作業が進まない子も教師の前に来させます。

そして、その場所で集中させ、取り組ませます。

どうしても苦手な子の場合には、教師自身も手伝います。

版画は、どうしても苦手な子供がいます。

その時には、教師が手伝うことも大切です。

また、子供たちの中には早く作品を仕上げる子供もいます。

その子に対して、作業の遅い子を手伝わせることもあります。

V 制作指導のヒミツ Q&A 121

Q 版画は、待ち時間が発生しやすいです。どのように解消しているのでしょうか。

A 専科の先生では難しいですが、さまざまな課題を用意しておきます。

例えば、ノートまとめ。

例えば、エプロンづくりなどです。

そのように、課題を用意して、待ち時間が発生しないように工夫します。

教師の手が必要のない課題が必要です。

質問の出るようなものは、避けてください。

Q 構図の写真を撮るときは、一場面で何枚か撮るのでしょうか。

A 何枚も撮ります。

連写のときもあります。

わざわざ、版画のときのために撮影するのではありません。

日頃から、撮りためておくことが大切なのです。

しかも、ただ撮るだけでは、版画の材料になりません。

なぜならば、違うものが写っているからです。

だからこそ、写真のトリミングをする必要があります。

Q 彫りとの関係で下描きの段階で描かないように指導することはあるのでしょうか。

A ありません。

とりあえず、人物を描きます。

その後、「背景はこれを描いたら」みたいなアドバイスはします。

Q 顔を彫るときに、強調して指導することはあるのでしょうか。

A 方向です。

顔を白くするときに、鼻は真ん中から外側へ彫ります。

顎のラインも外側に向けて彫ります。

おでこも同様です。

方向に注意して彫らせてください。

Q 運動場などはすべて平刀で彫るのでしょうか。

A はい。

ただし、影などがある場合は残します。

平刀で彫っても、少し線が残ります。

それが、いい具合の作品になります。

VI 版画指導はプロ教師の総合力が問われる

■成功の8割は「下描き」で決まる　　　木村重夫

1　木村学級の版画作品

　木村学級歴代版画作品を初めて公開する。

埼玉県知事賞「跳べた！」6年女子

特選「祭り太鼓」
6年男子

「ピアノを弾く私」6年女子

「石うすでソバをひく」5年男子

「バス釣り〜この瞬間がたまらない〜」5年男子

「上手になった一輪車」5年女子

Ⅵ 版画指導はプロ教師の総合力が問われる

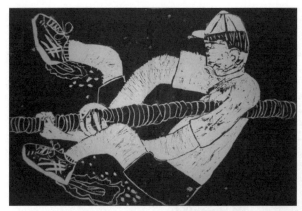

「綱引き・全力！」6年男子

「きれいにできるかな？ 台上前転」6年女子

「用意、スタート！」6年女子

「抜けない大根」6年女子

「跳ぶぞ！ 新記録」6年女子

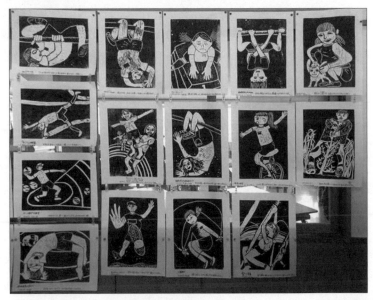
廊下に展示したクラス作品（一部）

Ⅵ 版画指導はプロ教師の総合力が問われる　　127

これらの作品に共通する点があると思う。

1　動きがダイナミックである（構図を工夫している）。
2　白黒のバランスがとれている（彫りすぎない）。
3　線をなぞるだけの線彫りではない（彫る部分を考えている）。

どのようにつくらせたのか、指導法の一端を公開する。

私の版画指導は、『小国の子』（目黒　修氏）（かつて東京教育技術研究所から出版された。今は絶版）及び酒井臣吾氏の絵画指導から学んだものである。

2　版画は下絵で80%決まる

版画指導の最も大切なポイントは何か。

版画が成功するかしないかは、下絵で決まる。

テーマに合った動き、表情。人物の大きさ、手や足の大きさ。どこを見ているか（視線）。何を持っているか。背景。そして白黒のバランス。すべて下絵の段階でよく考えて表現させなければならない。ここをおろそかにして、「自由に表現させる」として何も指導しないで放置するから悲惨な作品になってしまう。

①絵になる題材・絵になる構図

版画の題材のポイントは何か、版画指導の巨匠・石田朝美氏は言う（『小国の子』より）。

---

①生活性がある
②造形性がある
③自己主張がある
④感情が表されている

自己主張や感情を表現させるなら、動きのある自分像がよい。テーマは「○○するぼく・私」。子供にわかりやすいテーマにするなら「やったあ！」

「どっこいしょ！」「全力！」などがよい。個々の題材を決めさせる。「側転するぼく」「リコーダーをふく私」「太鼓を打つぼく」などだ。

　ここで重要なのが「造形性」である。絵になりやすい題材となりにくい題材がある。「楽器を演奏する私」は、楽器のもつ造形的な魅力があり、演奏する姿も個性的だ。それに対し、「読書するぼく」では動きが静的で変化が少ない。造形的にみて、音楽室や理科室はよいが、図書室はオススメしないのだ。

　鉄棒や縄跳びも要注意だ。左右対称な説明的な絵になりがちだ。

　野球やサッカーも、人間を多く描くと自分が小さくなり、主題がぼやける。

「奏でるメロディ」6年女子

「太鼓は楽しい！」6年女子

　ギターや太鼓などの楽器は絵になる。個性が出る。形、白黒のバランス、つま弾く指や打ち鳴らすバチを握る指を丁寧に描かせたい。

　見栄えのある構図と平凡な構図がある。

Ⅵ 版画指導はプロ教師の総合力が問われる

石田朝美氏は、「H型、I型、ト型は画面に動きがなく、余分な空間が生まれ、ダイナミックさが生まれにくい」という。

3　H型、ト型、I型　無理な型

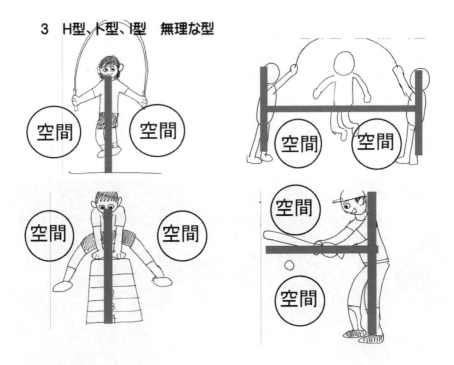

②何度も描き直させる下絵指導

わら半紙10枚を綴じた下描き用紙を子供に渡す。

> 何度も何度も描き直して、「これが一番！」という下絵にしていきましょう。

H型、I型、ト型について全体指導をする（上図を板書）。

顔はタマゴ形で大胆に人間を描かせる。目鼻は不要だ。大まかな構図を描かせればよい。描けたら教師のところに持って来させる。

私は一つだけアドバイスする。

赤鉛筆で補助線を入れてやる。

構図が「H型、I型、ト型」なら、「向きを変えてみよう」。

絵が小さかったら、一部を赤で囲んで「ここだけを拡大して描いていらっしゃい」と指示する。

子供は席に戻って、赤線をなぞったり、あるいはもう1枚に描く。サラッと描いた下絵なので、描き直しも気楽にできる。

絵を描く速さには個人差があるので、教室に列はできない。

卓球を題材にした個別指導である。

【1回目】
「卓球だな。いいね。」
「卓球をする○○さんを大きく描いておいで。」（人を赤丸で囲む）

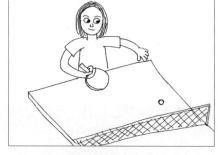

【2回目】
「もっと大きく迫ろうか。ラケットだけを描いてごらん。」
「ラケットの持ち方が大切だよ。指の形をしっかり描いてきて。」（ラケットを赤丸で囲む）

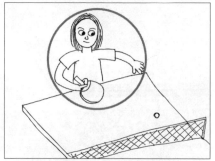

【5回目】
「よくなってきたね。ラケットのすぐ近くに顔を描いてごらん。」

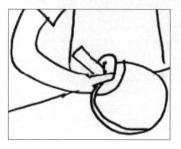

Ⅵ 版画指導はプロ教師の総合力が問われる　　131

【6回目】
「ピンポン玉も画面に入れよう。」

【7回目】
「目はどこを見ていますか。ピンポン玉だよね。ピンポン玉を見ている目玉を描いてきて。」

　こうして完成したのが次の作品である。

次の下絵は、図工が「超苦手」だという先生が描いた「畑仕事」の下絵である。こういう場合、あれもこれも描かせないで、局面を限定して描かせる。私は「クワを持つ手」を赤丸で囲み、「ここだけでいいから描いてきましょう」と指示した。「ほうきでもモップでもいいから、実際に握ってみるといいです」とアドバイスした。

　クワを握る手をしっかり描いてきた。「素晴らしい！」と褒めた。

　次はクワの先だけを描いてこさせる。赤鉛筆で薄くモデルを示した。絵の苦手な人はなぞってよい。

Ⅵ 版画指導はプロ教師の総合力が問われる　133

人間が小さい。画面いっぱいに大きく描かせたい。頭と体を赤で示して、大きさのイメージをつかませた。こうしたやりとりを通して、この人の絵は見る見るうちに変わっていった。

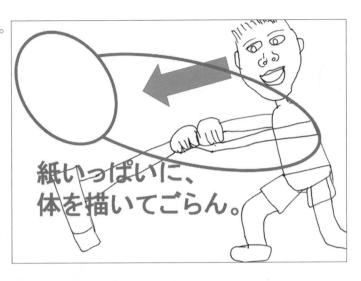

紙いっぱいに、体を描いてごらん。

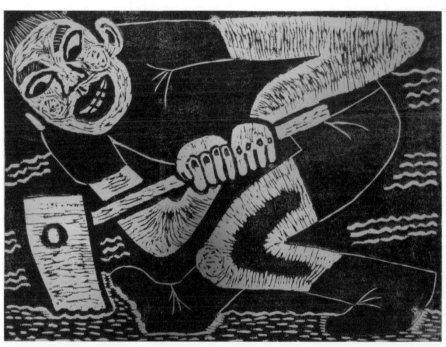

「クワで畑仕事」(教員)

3　子供のNG下絵、よくある傾向と対策

子供が下絵を描くと、同じような傾向が出てくる。

> よくあるNG下絵①…手足が小さい。
> よくあるNG下絵②…視線を考えていない。
> よくあるNG下絵③…動きがない。
> よくあるNG下絵④…余白が多い。

『小国の子』では、石田朝美氏の「格言」を紹介している。

> 格言　「手はでかい　開けば顔をみな隠す」

●手や足が小さい

　子供は手や足を小さく描きがちである。石田氏の格言を参考にして、「手を開けば、顔を隠してしまうんだよ」と話す。手の大きさを意識させる。足も小さい。手と足を大きく描かせると、表現力がUPする。

●首が細い

　とくに女の子が描く首は細い。お人形のように細い首を描く。
「首は耳に届くくらい太いよ」と目安を示してやる。

●なで肩すぎる

　肩が細い。狭い。頭くらいしか幅がない。肩のラインを赤鉛筆で示してやる。

●耳を描き忘れる

　耳を描かない子がいる。忘れているのだ。個別に声をかけて耳を描かせると人間らしくなる。

●手を大きく描いた作品（指1本にも表情が出る）

格言 「どこ見るの　手先か、物か、人の顔か」

　視線はどこを見ているのか、そこを表現することで、何に向けて意識を集中しているのかわかる。目の中の黒目の位置を考えさせる。

Ⅵ 版画指導はプロ教師の総合力が問われる

「水平・垂直を排す」（酒井臣吾氏）

　子供の下絵は水平に描きがちである。水平を排して、ななめに描かせるだけで、動きや場面に変化が生まれてくる。

　縄跳びは水平・左右対称に描きがち。ななめ横向きにすると変化が生まれる。

　縄もタマゴ形ではなく、くねらせることで動きが出る。

●水平を排した下絵「芋掘り」（教員）

「自分の体をとじこめなさい」（向山洋一氏）

「芋掘り」の作品は、画面いっぱいに描かれている。水平・垂直を排して、板の中からはみ出るくらいにギッシリ描いた。顔と芋を握る指がポイントだから、それ以外の背中やお尻、頭頂部は画面から出てもかまわない。「はみ出るくらいに、画面いっぱいに描きなさい」と指示する。向山洋一氏の指示「自分の体をとじこめなさい」は非常に効果的だ。版画板の中に自分を閉じ込めるイメージである。

4　白：黒のバランスは４：６。主張したいところを彫る

　下絵がうまくできても、彫る段階で失敗するおそれがある。
　彫る指導を何もしないと、子供は「線彫り」をしがちである。
　線彫りとは輪郭線だけを彫ることである。面を意識できないのだ。
　どう指導するか。私は白チョークを使う。

> 墨で暗くした板に、白チョークで彫る箇所を白く塗らせる。

　彫るところは主張したい箇所だ。見てほしいところだ。そこを白チョークで白く塗らせる。塗る向きが彫る向きだ。
　白チョーク入れの最大の利点は、やり直しができること。白く塗りすぎたら濡れティッシュで拭き取ればよい。教師のところに持って来させて「合格」と言われるまでやらせる。

> 理想的な白と黒のバランスは４：６だ。やや黒が多い方がよい。

　白黒を考えるチョーク入れの手順をまとめる。
①板全体を薄墨で暗くなるように塗る。
②乾いたら、輪郭線を小筆と墨で太くなぞらせる（太い黒色の油性フェルトペンだと扱いやすいが、筆の方が味わいが出る）。
③彫る面を白く塗らせる（必要最低限の線も白くなぞる）。

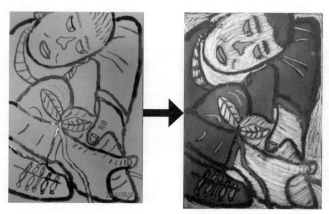

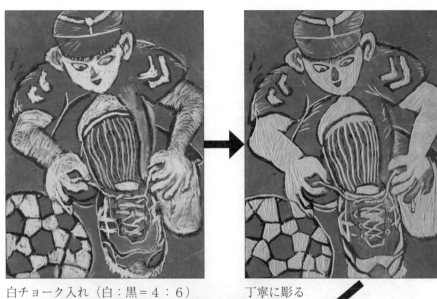

白チョーク入れ（白：黒＝４：６）　　　丁寧に彫る

刷って完成
「気合いを入れて」６年男子

Ⅵ　版画指導はプロ教師の総合力が問われる　　141

白チョークを入れた板

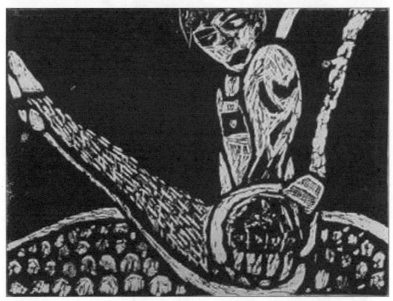
完成作品 「つり輪・力技」(教員)

● 「木村重夫　絶対成功する版画合宿」参加教師の作品

細かなモノまで丁寧に表現できた。

表情が生き生きしている。

細やかな彫りである。

走る方向を睨む目がいい。

Ⅵ　版画指導はプロ教師の総合力が問われる　　143

砂金を採っている。小石や砂金やザルがうまく表現できた。

元ボクサーの教師。迫力あるカウンターパンチが描けた。

鉄棒のダイナミックさを表現できた。動きを感じる背景の彫り方も工夫した。

あとがき

　私が、新採のときである。

　4月。自画像を、5年生に書かせた。

　事前に、学年主任に相談する。

「どうやって描かせるんですか？」

「う〜ん、鏡を見ながら描かせればいいんだよ。あと、ゆっくり描かせれば
いいんだよ。」

「そうですか、ありがとうございます。」

　早速、鏡を理科室から教室に運ぶ。子供たちは、鏡を手に取り、喜んでい
た。

　私は、「鏡を見ながら、ゆっくり描きなさい」という指示だけをする。

　しばらくすると、教室に重たい空気が漂う。

　私が近づくと、絵を隠すように、画用紙に手を置く。

　休み時間。子供たちが一斉に、描いている絵を机の中に入れた。

　友達に見られたくないから隠したのである。

　突然、泣き声が聞こえた。

　やんちゃなA君が、女子の机から無理やり絵を出す。女子が「やめて〜」
と泣き出したのである。

「何をしているんだ！」と叱る私。

　叱りながら思う。見られて泣き出すような絵を描かせたのは俺だよなぁ、
と。

　それから数カ月後。

　山口県で酒井臣吾氏のセミナーがあった。会場は、山口大学だった。

　すぐに申し込む。

　自分でも驚くような上手な絵が描けた。

146

酒井氏が「うまいね〜」と優しく、そして体の芯まで温かくなる褒め言葉をかけてくれた。

　絵には描かせ方があることを初めて知った。

　小学生のころから絵が苦手な私でも満足できる絵が描けることを、初めて知った。

　そして、絵が褒められると、体中が温かくなることを、初めて体感した。

　版画・下描きにも描かせ方がある。

　彫らせ方がある。

　刷らせ方がある。

　小学生のころの私がそうだったが、「自由にやりなさい」という教師の指示は、子供の心を傷つけている。どうせ俺は絵が下手だから、と傷つけている。

　本書は、河田孝文氏、木村重夫氏の版画指導がてんこ盛りだ。

　河田氏の下描きの描かせ方、木村氏の下描きの描かせ方。同じところもあれば、違うところもある。

　同じところは大事な原則を学べる。外せない指導である。

　違うところは幅広い技術を学べる。先生方のクラスに合った技術を使うことができる。

　本書が皆様のお役に立てることを心から願っている。

　本書の発刊にあたり、絶大なご支援をいただきました樋口編集長に厚くお礼を申し上げます。ありがとうございました。

　　令和元年7月吉日

　　　　　　　　　　　　　　　　　　　　　　　　　林　健広

★新卒の林健広が指導した子供の作品

○編著者紹介

河田孝文（かわた　たかふみ）

1964年山口県生まれ。大学卒業後小学校教師となり、教育技術法則化運動（代表：向山洋一）に出会い参加。法則化運動解散後は、TOSS（代表：向山洋一）に続けて参加。TOSS道徳教育研究会事務局担当。道徳教育に限らず、全国の教育セミナーで授業づくりを中心とした講座を務める。『子供の心をわしづかみにする「教科としての道徳授業」の創り方』『ドーンと入賞！"物語文の感想画"描き方指導の裏ワザ20』（学芸みらい社）、『子供に教えたい大切なルール』（PHP研究所）他、単著、編著多数。

河田孝文	山口県下関市立楢崎小学校
木村重夫	日本文化大學　専任講師
吉谷　亮	山口県下関市立向山小学校
下窪理政	山口県下関市立長府小学校
山田恵子	山口県下関市立西市小学校
信藤明秀	愛媛県宇和島市立遊子小学校
奥田嚴文	山口県周南市立鹿野小学校
大井隆夫	福岡県北九州市立高須小学校
林　健広	山口県下関市立小月小学校

木版画・紙版画　指導のすべて
――どの子も、スゴイ作品！ 完成までの全情報――

2019年9月1日　初版発行

編著者　河田孝文／林 健広・TOSS/Advance
発行者　小島直人
発行所　株式会社 学芸みらい社
　　　　〒162-0833 東京都新宿区箪笥町31 箪笥町SKビル
　　　　電話番号 03-5227-1266
　　　　http://www.gakugeimirai.jp/
　　　　e-mail : info@gakugeimirai.jp
印刷所・製本所　藤原印刷株式会社
装丁デザイン・DTP組版　星島正明
企画　樋口雅子　　校正　大場優子

落丁・乱丁本は弊社宛にお送りください。送料弊社負担でお取り替えいたします。

©Takafumi Kawata 2019　Printed in Japan
ISBN978-4-909783-19-6　C3037

『教室ツーウェイNEXT』バックナンバー

創刊創刊記念1号

【特集】〈超有名授業30例〉アクティブ・ラーニング先取り体験！

【ミニ特集】発達障がい児のアクティブ・ラーニング指導の準備ポイント

A5判並製：172ページ
定価：1500円＋税
ISBN-13：978-4908637117

創刊2号

【特集】やりぬく、集中、忍耐、対話、創造…"非認知能力"で激変！子どもの学習態度50例！

【ミニ特集】いじめ──世界で動き出した新対応

A5判並製：172ページ
定価：1500円＋税
ISBN-13：978-4908637254

3号

【特集】移行措置への鉄ペキ準備 新指導要領のキーワード100

【ミニ特集】いじめディープラーニング

A5判並製：172ページ
定価：1500円＋税
ISBN-13：978-4908637308

4号

【特集】"合理的配慮"ある年間プラン&レイアウト63例

【ミニ特集】アクティブ型学力の計測と新テスト開発の動向

A5判並製：172ページ
定価：1500円＋税
ISBN-13：978-4908637414

5号

【特集】〈超有名授業30例〉アクティブ・ラーニング先取り体験！

【ミニ特集】発達障がい児のアクティブ・ラーニング指導の準備ポイント

A5判並製：168ページ
定価：1500円＋税
ISBN-13：978-4908637537

6号

【特集】「道徳教科書」活用 考える道徳授業テーマ100

【ミニ特集】"小学英語"移行措置＝達人に聞く決め手！

A5判並製：176ページ
定価：1500円＋税
ISBN-13：978-4908637605

7号

【特集】教科書の完全攻略・使い倒し授業の定石59！
意外と知らない教科書の仕掛けを一挙公開。

【ミニ特集】
クラッシャー教師の危険

A5判並製：180ページ
定価：1600円＋税
ISBN-13：978-4908637704

8号

【特集】「主体的学び」に直結！熱中教材・ほめ言葉100
新指導要領を教室で実現するヒント

【ミニ特集】
教育改革の新しい動き

A5判並製：172ページ
定価：1600円＋税
ISBN-13：978-4908637872

9号

【特集】「通知表の評価言─AL的表記への変換ヒント」

【ミニ特集】学校の働き方改革─教師の仕事・業務チェック術

A5判並製：156ページ
定価：1600円＋税
ISBN-13：978-4908637995

10号

【特集】〈超有名授業30例〉アクティブ・ラーニング先取り体験！

【ミニ特集】発達障がい児のアクティブ・ラーニング指導の準備ポイント

A5判並製：156ページ
定価：1600円＋税
ISBN-13：978-4908637117

小学校教師のスキルシェアリング
そしてシステムシェアリング
― 初心者からベテランまで ―

授業の新法則化シリーズ
＜全28冊＞

企画・総監修／向山洋一 日本教育技術学会会長　TOSS代表

編集・執筆　**TOSS授業の新法則** 編集・執筆委員会

発行：学芸みらい社

　1984年「教育技術の法則化運動」が立ち上がり、日本の教育界に「衝撃」を与えた。そして20年の時が流れ、法則化からTOSSになった。誕生の時に掲げた4つの理念はTOSSになった今でも変わらない。
1. 教育技術はさまざまである。出来るだけ多くの方法を取り上げる。（多様性の原則）
2. 完成された教育技術は存在しない。常に検討・修正の対象とされる。（連続性の原則）
3. 主張は教材・発問・指示・留意点・結果を明示した記録を根拠とする。（実証性の原則）
4. 多くの技術から、自分の学級に適した方法を選択するのは教師自身である。（主体性の原則）
　そして十余年。TOSSは「スキルシェア」のSSに加え、「システムシェア」のSSの教育へ方向を定めた。これまでの蓄積された情報をTOSSの精鋭たちによって、発刊されたのが「新法則化シリーズ」である。
　日々の授業に役立ち、今の時代に求められる教師の仕事の仕方や情報が満載である。ビジュアルにこだわり、読みやすい。一人でも多くの教師の手元に届き、目の前の子ども達が生き生きと学習する授業づくりを期待している。

（日本教育技術学会会長　TOSS代表　向山洋一）

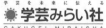

株式会社 学芸みらい社（担当：横山）
〒162-0833 東京都新宿区箪笥町31 箪笥町SKビル3F
TEL:03-6265-0109（営業直通）　FAX:03-5227-1267
http://www.gakugeimirai.jp/
e-mail:info@gakugeimirai.jp

学芸みらい社の好評既刊

日本全国の書店や、アマゾン他のネット書店で注文・購入できます！

若手なのにプロ教師！新指導要領をプラスオン
新・授業づくり&学級経営
365日サポートBOOK

学年別 全6巻

監修：谷和樹（玉川大学教職大学院教授）

「子どもに尊敬される教師になろう！」

いかなる時代の教育にも必須のスキルに加え、新指導要領が示す新しい提案をプラスオンする本シリーズで、教室の365日が輝く学習の場になり、子どもの姿が頼もしく眩しい存在となるだろう。
──向山洋一氏（日本教育技術学会会長／TOSS代表）、推薦！

巻頭マンガをはじめカラーページも充実！

――― 谷和樹氏「刊行の言葉」より ―――

新採の先生が1年もたずに退職。ベテランでさえ安定したクラスを1年間継続するのが難しい時代。
指導力上達の道筋を「具体的なコツ」で辞典風に編集！
プロとしての資質・能力が身につく「教師のための教科書」。

【本書の内容】「グラビア①：まんがで読む！各学年担任のスクールライフ」「グラビア②：各学年のバイタルデータ＝身体・心・行動」「グラビア③：教室レイアウト・環境づくり」「グラビア④：1年間の生活習慣・学習習慣づくりの見通し」「1章：新指導要領の発想でつくる学期別年間計画」「2章：学級経営＝学期&月別プラン・ドゥ・シー」「3章：若い教師＝得意分野で貢献する」「4章：実力年代教師＝得意分野で貢献する」「5章：新指導要領が明確にした発達障害児への対応」「6章：1年間の特別活動・学級レクリエーション」「7章：保護者会・配布資料　実物資料付き」「8章：対話でつくる教科別・月別・学期別　学習指導ポイント」「9章：参観授業&特別支援の校内研修に使えるFAX教材・資料」「10章：通知表・要録に悩まないヒントと文例集」「11章：SOS！いじめ、不登校、保護者の苦情」「附章：プログラミング思考を鍛える＝「あの授業」をフローチャート化する」

パッと見れば、どのページもすぐ使える。
365日の授業、完全ナビ！

B5判並製
各巻208～240ページ
定価：本体2800円+税